フランス語で
日記をつけよう

長野 督

白水社

装幀	森デザイン室
本文レイアウト	小川 弓枝
イラスト	石原 昭男
協力	Madeleine LE JEUNE
	Jean-François GRAZIANI

はじめに

　「日記をつけるなんて、こつこつ毎日書くのは苦手！」でも、フランス語の勉強のつもりで毎日ほんのちょっとなら続けられるかもしれません。
　考えてみれば、日記と名前がつかなくても、ブログもFacebookもTwitterも何気ない日常をつづる日記そのもの、自己表現の場です。みんな頻繁に写真を載せたり、ひとこと気軽に書いてアップしています。ほんのひとことだけでもOK、全部フランス語じゃなくたってOK、そんな軽い調子で始めてみるのです。
　この本は、雑誌『ふらんす』で2008年4月号から2009年3月号まで連載した「ちょこっとjournal」を大幅に加筆して再構成したものです。できるだけシンプルに自分の言いたいことを表現するコツを紹介することを目的として、ごく短いひとことから始めて、徐々に長い文を書けるよう、次にそれを組み合わせてある程度の文章にできるよう、日記を書くのに便利な様々な表現を組み入れながら構成されています。その過程で、日本語から翻訳するのではなく、フランス語らしい表現を使えるようになるよう工夫されています。
　日記は、作文の宿題と違って、身近な自分の興味のあることについて、こういうことが書きたい！と思って書くのですから、楽しいはずですよね。しばらくしたら、毎日の生活の中では日記に書きたいことが徐々に決まってきて、すらすら書けるようになるはずです。
　書名を「日記を書こう」ではなく「日記をつけよう」にしたのには訳があります。「つける」には、「継続して書く」という意味があるのです。そしてフランス語でも、「持続する」という意味のtenirを使ってtenir son journalと言うのです。言語能力は学習の時間と密度に比例します。時間をかければかけただけ、ちゃんと正直にフランス語力は伸びていきます。いつかふと気がついてみたら驚くほど力がついていた、なんて日が来るのを夢見て、是非続けてみてください。

2014年2月　　著者

目次

はじめに ………………………………………………………… 3

フランス語の筆記体 …………………………………………… 8

１ まずはメモ程度

「いつ」「どこで」「誰と」を書きとめよう …………………… 10
　　日時だけ書きとめる　11
　　場所だけ書きとめる　14
　　誰と一緒だったか書きとめる　19

「何をした」を簡単に書きとめよう …………………………… 20
　　〈pour ＋不定詞〉で書きとめる　20
　　過去分詞で書きとめる　21

名詞止めを使いこなそう ……………………………………… 23

「à faire リスト」をつくろう ………………………………… 25
　　「〜すること」を書きとめる　26
　　「〜しないこと」を書きとめる　28

　　コラム　私のフランス語学習体験① ……………………… 30

２ 基本構文をおさえよう

基本型から伸ばしていこう …………………………………… 32

6つの基本文型をおさえよう ………………………………………… 34
- 基本文型1　S＋V　34
- 基本文型2　S＋V＋A　37
- 基本文型3　S＋V＋O.D　39
- 基本文型4　S＋V＋O.I　42
- 基本文型5　S＋V＋O.D＋O.I　44
- 基本文型6　S＋V＋O.D＋A　47

3 文を伸ばそう

関係代名詞 ……………………………………………………………… 50
- ■主格のqui　50　　■目的格のque　52　　■場所と時のoù　53
- ■deと一緒の使う動詞・表現にはdont　55

ジェロンディフ ………………………………………………………… 58

強調する ………………………………………………………………… 60

4 日記でよく使うパターン
- ■〜して過ごした　62　　■〜するのに…かかった　64
- ■〜して…たった/…ぶりに〜した　65
- ■〜するのに忙しかった　66　　■〜する時間がなかった　67
- ■もう少しで〜するところだった　68
- ■〜せずにはいられない　69　　■感情を表す表現パターン(1)　70
- ■感情を表す表現パターン(2)　74　　■〜で嬉しい　76
- ■〜を楽しみにする　77　　■〜なのは残念だ　78
- ■恐らく〜だ/多分〜だ　79　　■〜のようだ/〜のように見える　80

- ～すればよかった 82　　■ 思っていたより～だ 84
- 思っていたほど～でない 85
- ～に違いない / ～なはずだ 85
- ～と確信している 86　　■ ～だろうか / ～かなぁ 87
- なんて～なんだろう！ 88　　■ 重要なのは～だ 90
- もうすぐ～だ 91　　■ ～するつもりだ 92
- ～しようかと思っている 93
- ～したいな / ～でありますように / ～だといいなぁ 94
- もし～なら、…しよう他 96
- とても～なので…だ / あまりに～なので…だ 98
- ～しなければならない…がある 100

5　表現ストックを増やそう

日常のできごとを書く ……………………………………………………… 102
- 天気 102　　■ 朝食 / 出かける準備 104　　■ 通勤 / 通学 106
- 学校で 108　　■ 職場で 110　　■ 家で 112　　■ 趣味 114
- ショッピング 116　　■ 携帯電話 / パソコン 117
- 睡眠 118　　■ 病気 / けが 120

感想・印象を書く ………………………………………………………… 122
- 人の外見 122　　■ 人の性格 124　　■ 料理の味 126
- ニュース / 知らせ 127　　■ 旅行 / 観光地 128
- テレビ / 映画 / 本など 130　　■ ものの値段 132
- 洋服 / アクセサリー 133　　■ スポーツのあと 134
- 緊張とリラックス 135

コラム　私のフランス語学習体験② ……………………………………… 136

6 3文で書いてみよう

日常生活 ··· 138
- お弁当づくり ■犬の散歩 ■ガーデニング　138
- ラッシュアワー ■見本市の立ち会い ■コンピュータがクラッシュ　140
- 仕事で褒められた ■残業 ■再会　142
- フランス語の授業 ■レポートの締切 ■もうすぐ試験　144
- 外食 ■ケーキ食べ放題 ■餃子パーティー　146
- コンビニ弁当 ■掃除機の説明 ■ショッピング　148
- 100円ショップ ■インタビュー番組 ■Facebook　150
- iPadの新製品 ■迷惑メール ■本棚の整理　152
- 筋肉痛 ■風邪をひいた ■歯医者　154
- ワンピースの染み ■新しい友だち ■フランス語で日記　156

趣味　旅行 ··· 158
- 映画 ■レンタルビデオ ■展覧会　158
- ディズニーランド ■スキー ■温泉旅行　160

四季のできごと ··· 162
- 新年の抱負 ■大学入試センター試験 ■誕生日　162
- お花見 ■友だちの結婚式 ■花火　164
- お盆 ■台風 ■七五三　166
- 初雪 ■忘年会 ■大晦日　168

コラム　冠詞の話 ··· 170

索引 ··· 172

フランス語の筆記体

A a	B b	C c	D d	E e	F f
𝒜 a	ℬ b	𝒞 c	𝒟 d	ℰ e	ℱ f

G g	H h	I i	J j	K k	L l
𝒢 g	ℋ h	ℐ i	𝒥 j	𝒦 k	ℒ l

M m	N n	O o	P p	Q q	R r
ℳ m	𝒩 n	𝒪 o	𝒫 p	𝒬 q	ℛ r

S s	T t	U u	V v	W w	X x
𝒮 s	𝒯 t	𝒰 u	𝒱 v	𝒲 w	𝒳 x

Y y	Z z
𝒴 y	𝒵 z

1 2 3 4 5 6 7 8 9 10

1
まずはメモ程度

ちょこちょことメモ程度のものをフランス語で始めてみましょう。この章では最初に、日時、場所の前置詞や表現と、誰と一緒だったかを扱います。これらは日記につきものの要素で、これだけでもOKだし、2章、3章と進んで文を構成するときにも重要な役割を果たします。次に、何をしたかについて、やはり動詞の活用のいらない不定詞や過去分詞の便利な使い方、名詞止めの表現、予定表に使える à faire リストの書き方をご紹介します。毎日ひとつだけフランス語で、さあ、始めてみましょう。

📖 「いつ」「どこで」「誰と」を書きとめよう

まず、下記の例を見てください。

Le palais Spada.	スパダ宮殿。
À Topkapi, le grand sérail des sultans.	サルタンたちの大宮殿、トプカピにて。
À Sainte Sophie.	聖ソフィーにて。
Ce matin, au musée d'archéologie.	今朝、考古学博物館にて。
Dans un livre sur Mallarmé.	マラルメについてのある本の中に。
Hier soir chez les Maritain.	昨日の晩、マリタン家にて。

ジュリアン・グリーン

これはカトリック作家ジュリアン・グリーン（Julien Green　1900-1998）の日記からの引用です。こんなふうに、まずは日時や場所を書きとめてみましょう。それが書いてあるだけで、何をしたか思い出せますよね。時間のないときにはこれだけでもフランス語気分、日記のタイトルにも写真のキャプションにも使えます。小さなことから始めて、毎日フランス語を少しずつ磨いていきましょう。

ジュリアン・グリーンは幻想的な作風で知られた作家です。とりわけ1919年から1998年に亡くなるまで出版され続けた日記は、個人的な内容と同時にパリの芸術、文学、また当時の世相を色濃く反映しており、このため、グリーンは「20世紀の証人」と呼ばれています。優れた文学者の文章としては比較的読みやすく、お薦めです。このように応用できるものもたくさんあります。

📝 日時だけ書きとめる

▸ 2013年2月15日。
　　Le 15 février 2013.
　　15/2/2013
　　2013/2/15　　　　　　　　　　＊年/月/日です。英語と順序が違います。

▸ 1978年に。
　　En 1978.

季節を表すときは──

▸ 夏[秋/冬]に。
　　En été [automne / hiver].

▸ 春に。
　　Au printemps.　　　　　　　　＊春だけはauをとるので注意。

「〜月に」を表すときは──

▸ 3月に。
　　En mars.
　　Au mois de mars.

=== *petit rappel* ===

12ヶ月　英語と違って、文中の場合、語頭は小文字です。

1月 janvier	2月 février	3月 mars	4月 avril
5月 mai	6月 juin	7月 juillet	8月 août
9月 septembre	10月 octobre	11月 novembre	12月 décembre

「〜曜日に」を表すときは──

▸ この前の日曜日に。
　　Dimanche dernier.

▸ 月曜日の朝に。
　　Lundi matin.

▸ 火曜日の午後に。
　　Mardi après-midi.

▶ 金曜日の夜に。
　　Vendredi soir.
▶ 土曜のお昼に。
　　Samedi midi.

=== petit rappel ===

曜日　12ヶ月と同様、文中の場合、語頭は小文字です。

　月曜日 lundi　　　火曜日 mardi　　　水曜日 mercredi　　　木曜日 jeudi
　金曜日 vendredi　　土曜日 samedi　　日曜日 dimanche

過去の出来事では冠詞はつけません。定冠詞をつけると、「毎週〜曜日に」の意味になります。また、ついついつけてしまいたくなるàですが、àをつけると、À demain !「また明日！」やÀ la semaine prochaine !「また来週！」などと同じ「またね！」という挨拶になります。

「昨日」「今日」「明日」などを表すときは──

　▶ 今朝。　　　　　Ce matin.
　▶ 今日の午後。　　Cet après-midi.
　▶ 今晩。　　　　　Ce soir.
　▶ 一昨日。　　　　Avant-hier.
　▶ 昨日。　　　　　Hier.
　▶ 今日。　　　　　Aujourd'hui.
　▶ 明日。　　　　　Demain.
　▶ 明後日。　　　　Après-demain.
　　　　　　　　　　　　　　　＊基本的に前置詞なしで使います。

「〜時に」「〜時頃に」「〜時から〜時まで」「〜の間に」を表すときは──

　▶ 15時30分に。
　　　À 15 h 30.　　　　　　＊数字とhの間にはスペースを入れます。
　▶ 夜中の12時10分に。
　　　À minuit dix.

▶ 午後2時頃に。
　　Vers deux heures de l'après-midi.
▶ 3時から5時まで。
　　De trois heures à cinq heures.
▶ 3時から4時の間。
　　Entre trois heures et quatre heures .
▶ 食事の間に。
　　Pendant le repas.

=== *petit rappel* ===

時刻の書き方は日本語と同じで、日常生活で使われる12時間制と、駅の時刻表やニュース、また午前と午後を間違えたくないときの24時間制があります。
12時間制：et quart（15分）、et demie（30分 / 日本語でも4時半と言いますね！）、moins le quart（45分）、midi（お昼の12時）、minuit（夜中の12時）の表現があり、基本的には30分を越えるとmoinsを使って「〜分前」で表します。

▶ 7時15分に。　　　　　　　À sept heures et quart.
▶ 8時20分前（=7時40分）に。À huit heures moins vingt.

24時間制：これらの表現は使いません。15分、45分もそのまま数字で書きます。

▶ 夜の7時30分に。　　　　　À 19 h 30.
▶ 16時15分に。　　　　　　 À 16 h 15.
▶ 23時45分に。　　　　　　 À 23 h 45.

12時間制では午前と午後は同じ言い方になってしまうので、紛らわしいときには24時間制を使うか、du matin（午前）、de l'après-midi（午後）、du soir（夜）をつけます。

▶ 午前9時半に。　　　　　　À neuf heures et demie du matin.

数字は、Louis XVI, le XXe siècle, chapitre III などに用いられるローマ数字を除いては、正式にはすべてスペルで書かれますが、時刻の24時間制では多くの場合数字で表記しますし、日記では12時間制の neuf heures を簡単に 9 h としてもいいでしょう。ただし、9時半を 9 h 30 と書いたら24時間制を採用したことになるので、全体をそれで統一しましょう。

📝 場所だけ書きとめる

■ à... : 「〜で」「〜に」「〜へ」

固定した場所と、行き先の両方に使います。p.10 でジュリアン・グリーンも À Topkapi... と書いているように、都市は無冠詞です。

- ▶ パリ［ニューヨーク / 仙台］で。　　À Paris [NY / Sendai].
- ▶ 会社で。　　Au bureau.
- ▶ 学食で。　　Au resto-U.
- ▶ 映画館で。　　Au cinéma.
- ▶ 伊勢丹デパートで。　　Au grand magasin Isetan.
- ▶ 紀伊國屋の2階で。　　Au premier étage de Kinokuniya.
- ▶ 大学で。　　À la fac.
- ▶ （学校や会社の）食堂で。　　À la cantine.
- ▶ ジムで。　　À la gym.
- ▶ NHKで。
  À la NHK.
- ▶ シャンゼリゼで。
  Aux Champs-Élysées.
- ▶ 渋谷駅で。
  À la gare de Shibuya.
- ▶ 地下鉄半蔵門駅で。
  À la station Hanzomon.

Comment dire ?

＊地下鉄の駅は station、それ以外は gare を使います。

=== *petit rappel* ===

〈à＋男性単数名詞〉〈à＋男女複数名詞〉の定冠詞は、それぞれ à + le = au, à + les = aux と縮約されます。〈à＋女性単数名詞〉の場合は縮約されずにそのまま à la（例：à la mer）、また男性・女性にかかわらず、母音で始まる名詞の場合もそのまま à l'（例：à l'hôpital）となります。名詞の性は使うたびに把握しておきましょう。名詞は必ず un か une をつけて覚えるといいですよ。

▶ 駅のスターバックスで。
　Au Starbucks de la gare.

= *petit rappel* =

いつもの決まった駅のスタバ。àは「そこで」という場所を言うための前置詞なので、"スタバの中で待ちあわせ"と言いたいときには、「〜の中で」という意味の前置詞dansを使って、Dans le Starbucks.とします。

àは「〜で」のようにその場所であることだけを示しますが、その場所の「中に」「上に」などをさらに示したければ、別の前置詞を使うことになります。

■ dans... :「〜の中で／に」「〜において」
　▶ 日比谷公園にて。
　　Dans le parc Hibiya.
　▶ 東京の港区にて。
　　Dans l'arrondissement de Minato à Tokyo.
　▶ 福岡郊外にて。
　　Dans la banlieue de Fukuoka.
　▶ 東北地方にて。
　　Dans la région du Tohoku.
　▶ 9月14日号の『クロワッサン』の55ページで。
　　À la page 55, dans *Croissant* du 14 septembre.
　▶ あるテレビ番組に。
　　Dans une émission à la télé.
　▶ NHKの「ためしてガッテン」で。
　　Dans l'émission *Tameshite Gatten* à la NHK.
　▶ ある韓流ドラマの中で。
　　Dans un feuilleton coréen.
　▶ 『いとしのソヨン』の中に。
　　Dans *Seo Yeong, ma fille*.

- Yahooのサイトに。
   Sur le site de Yahoo.
- NECのサイトのあるページに。
   Sur une page du site de la NEC.
- 昨日の夢の中に。
   Dans le rêve d'hier.

■ chez... :「〜さんのうちで」「〜のところで」
chez のあとには人を入れます。「〜家」は、名字に les をつけます。
- ミナのうちで。　　　　　Chez Mina.
- 藤野家にて。　　　　　　Chez les Fujino.

お店屋さんにお医者さん、おなじみの人がいるならその人のところでという意味で、定冠詞にします。
- 医者［歯医者］で。
   Chez le médecin［le dentiste］.
- パン屋さん［お菓子屋さん / 美容院］で。
   Chez le boulanger (la boulangère)［le pâtissier (la pâtissière) / le coiffeur(la coiffeuse)］.

=== *petit rappel* ===
le boulanger / la boulangère はお店で働く人を指しています。お店を示すなら à を使います。例) À la boulangerie　À la pâtisserie

場所を表すその他の表現です。

■ devant... :「〜の前で / に」
- F棟の前で。　　　　　　Devant le bâtiment F.
- 西郷さんの銅像の前で。　Devant la statue de Saigo-san.

■ derrière... :「〜の裏で / に」
- 駅の裏に。　　　　　　　Derrière la gare.
- うちの裏に。　　　　　　Derrière la maison.
- 青い扉の裏に。　　　　　Derrière la porte bleue.

■ en face de... :「〜の向かいで / に」
- 丸善の向かいで。　　　　En face de Maruzen.
- うちの向かいに。　　　　En face de chez moi.

■ à côté de... :「〜の隣で / に」
- うちの隣に　　　　　　　à côté de chez moi.
- 野島さんの隣に　　　　　à côté de Mme Nojima.

■ près de... :「〜の近くで / に」「〜のそばで / に」
- 会社の近くに。　　　　　Près du bureau.
- 梅田駅の近くに。　　　　Près de la station Umeda.
- 名古屋駅のそばに。　　　Près de la gare de Nagoya.

■ de... :「〜から」（たとえばそこからの景色など）
- 六本木ヒルズから。　　　De Roppongi Hills.
- スカイツリータワーから。　De la tour Sky Tree.

■ sur... :「〜の上で / に」「〜について」
- 棚の上に。　　　　　　　Sur l'étagère.
- 秋葉原プロジェクトについて。　Sur* le projet Akihabara.

　　* à propos de... も同じ意味で使います。À propos du journal d'hier.「昨日の日記について」。

■ sous... :「〜の下で / に」
- パリの空の下で。　　　　Sous le ciel de Paris.
- 美瑛の青空の下で。　　　Sous un ciel bleu de Biei.

このほか、天から降ってくるものにも sous を使います。日本語では必ずしも「下」とは言いませんね。

- 雪の中で。
  Sous la neige.
- 太陽の下で。
  Sous le soleil.
- 雨の中を。
  Sous la pluie.

■ au-dessus de... :「〜の上空で / に」
- 東京タワーの上（上空）に。　Au-dessus de la tour de Tokyo.

■ au-dessous de... :「〜の下で / に」
- うちのマンションの下に。　Au-dessous de notre appartement.

■ au sommet de... :「〜の頂上で / に」
- 高尾山の頂上で。　　　　Au sommet du mont Takao.

■ au pied de... :「〜の麓で / に」
- 富士山の麓で。　　　　　Au pied du mont Fuji.

  ＊高さのあるものに使います。橋なら、À l'entrée de Nihonbashi.「日本橋のたもとで」

■ au bord de... :「（海岸、水際などの）淵で / に」
- 隅田川沿いで。　　　Au bord du fleuve Sumida
- 琵琶湖畔にて。　　　Au bord du lac Biwa.
- 瀬戸内海岸で。　　　Au bord de la mer Intérieure de Seto.

場所を表す表現は、意外なことも表現できますよ。
- 泣きそう。　　　　　　　　Au bord des larmes.
- 定年退職間近。　　　　　　Près de la retraite.
- 彼の愛想の良い態度の裏に。　Derrière son attitude aimable.

誰と一緒だったか書きとめる

- 同僚と。　　　　　　　　Avec mes collègues.
- 友だちと。　　　　　　　Avec mes ami(e)s [copin(e)s].
- 顧客（得意先）と。　　　Avec un client(e).

これらの「場所」「時間」「同伴」の表現は、好きに組み合わせることができます。順番も言いたい順番で大丈夫！

- 大通公園で、たくさんのライラックと。
   Au parc Oodori, avec beaucoup de lilas.
- 久美と、3時に代々木で。
   Avec Kumi à 15 h à Yoyogi.
- 田中さんのお宅で、夜の7時頃に。
   Chez les Tanaka, vers 19 h.
- 友だちと学食で。
   Au resto-U, avec mes copin(e)s.
- ソウル、南大門前で。
   À Seoul, devant Nandaemun (la Grande porte du Sud).
- 昨日の夜、会社近くのビストロで。
   Hier soir, dans un bistrot près du bureau.
- この前の土曜日、ユミコと映画。
   Samedi dernier, au cinéma avec Yumiko.

これで、「いつ」「どこで」「誰と」は書きとめられますね。それでは次に「どうした」を簡単に書きとめる方法をみていきましょう。

「何をした」を簡単に書きとめよう

新聞記事などで事実をきちんと伝えるのに欠かせない要素として、英語では5つのW (when, where, who, what, why) と習いますね。フランス語ではquand, où, qui, quoi（que）, pourquoi です。日々に起こった事実をメモするなら、やはりこれをふまえて書くとよいでしょう。たとえば、

Hier, au Ciné Saison avec Takeshi pour voir le Conte d'hiver de Rohmer.
① ② ③ ④

昨日、シネ・セゾンに、タケシと、ロメールの『冬物語』を見に。

これだけで言いたいことは言えてしまいますね。番号はそれぞれ、

① quand　　　いつ
② où　　　　　どこへ / どこで
③ avec qui　　誰と
④ quoi（que）　何をした（何をする）

に対応しています。5つの要素のうち、qui「誰が」は日記を書いている本人ですので省かれています。①～③の書きとめ方は、p.10~19で紹介しました。④の「何をした」の部分を簡単に書きとめる2つの方法をご紹介します。

〈pour ＋不定詞〉で書きとめる

主語・動詞を入れて文にすべきところを、目的を示すpourの不定詞句のみで簡略化して表します。動詞の活用を考えずに不定詞（動詞の原形）だけですみますから、とても簡単です。もう一度、ジュリアン・グリーンをのぞいてみましょう。

Hier, chez Janine Delpech pour recevoir le prix de la Reliure.
　　　昨日、ジャニーヌ・デルペッシュのところに、ルリユール賞を受け取りに。
Hier, au théâtre pour voir le Faust de Marlowe.
　　　昨日、マーロウの『ファウスト』を見に劇場に。

繰り返しを嫌い、文体にこだわる大作家でも、日記は毎日のことですから、繰り返しになるのも自然ですし、形を決めてしまうほうが楽なのです。とりあえず、この形をマスターしましょう。やったことが続くときは〈puis＋不定詞〉でつなぎます。

▶ 今朝、上野の美術館に葉子と一緒に「ゴヤの版画」展を見に、それからタイ料理で昼食。
　　Ce matin au musée des Beaux-Arts d'Ueno avec Yoko pour voir l'exposition « Goya graveur », puis déjeuner thaïlandais.

主語が自分でないときは、こんな感じです。
▶ 今日の午後、ママが春のワンピースを買いにショッピングに。
　　Cet après-midi, maman au shopping pour s'acheter une robe de printemps.

過去分詞で書きとめる

日記では、過去のことを書くことが多くなります。**過去のできごとをあらわすのは複合過去**〈助動詞êtreまたはavoirの現在＋過去分詞〉ですが、その助動詞を省略して、過去分詞だけで書いてしまう方法です。êtreまたはavoir、どちらの助動詞をとるか考えないでいいので簡単です。

▶ 社員食堂で佳奈に会った。
　　Rencontré Kana à la cantine.
▶ スポーツクラブで筋トレをした。
　　Fait de la musculation à la gym.
▶ アキの家で彼女の学校時代の友達と夕食をとった。
　　Dîné chez Aki avec ses amis d'école.
▶ バルザックの最初の小説を読んだ。
　　Lu le premier roman de Balzac.
▶ 村上春樹の小説を再読した。
　　Relu des nouvelles de Murakami.

▶ 海鮮レストランでとても新鮮な牡蠣を食べた。
　Mangé des huîtres bien fraîches dans un restaurant de fruits de mer.

=== *petit rappel* ===
この方法は簡単ですが、過去分詞を間違えないように、よく使う動詞の過去分詞は確認しておきましょう。また、助動詞にêtreをとる場合は、過去分詞が主語に性数一致をするので、女性の方はチェックしましょう。

「～しに出かけた」は、allé（allerの過去分詞）のあとに不定詞をつけてしまえば大丈夫です。allerは助動詞にêtreをとりますから、書き手が女性の場合はalléeになります。

▶ サッカーの試合を見に行った。
　Allé(e) voir un match de foot.
▶ 買い物に出かけた。
　Allé(e) faire du shopping.
▶ 仕事のせいですごく遅く帰った。
　Rentré(e) très tard à cause du travail.
▶ 『プライスレス』を見に行った。
　Allé(e) voir *Hors de prix*.

過去分詞の前に副詞をつけると、ぐっとフランス語らしくなります。

▶ よく働いた。
　Bien travaillé.
▶ 念入りにレポートを書いた。
　Soigneusement rédigé mon rapport.
▶ 先日の読書のことをうんと考えた。
　Beaucoup pensé à ma lecture de l'autre jour.
▶ Mのメールにとてもショックを受けた。
　Très frappé(e) par un e-mail de M.

名詞止めを使いこなそう

動詞の活用や時制を考えるのはちょっと億劫…。ならば、名詞止めを使いましょう。もう一度、ジュリアン・グリーンの日記を見てみましょう。

Journée fatigante.	疲れる一日。
Conversation curieuse avec un catholique.	あるカトリック教徒との奇妙な会話。
Sentiment du néant.	虚無感。
Émotion dans le public.	人々に囲まれての感慨
Hier, visite d'un professeur américain.	昨日、アメリカ人の先生の訪問。
Retour de Bruxelles.	ブリュッセルから帰還。
Un attentat contre Hitler.	ヒットラーの暗殺計画。

これならば、すぐに応用できそうですね。たとえば――

▶ 陽気な[すごく長かった]一日。
　Journée joyeuse [très longue].

▶ 長いけれど実り多い会議。
　Réunion longue mais fructueuse.

▶ 先生と面白い会話。
　Conversation intéressante avec mon professeur.

▶ 幸せな[悲しい/すごく複雑な]気分。
　Sentiment de bonheur [de tristesse / bien complexe].

▶ DNAグループのコンパ。
　Soirée amicale du groupe DNA.

▶ 京都に旅行。
　Voyage pour Kyoto.

▶ 同僚と美味しい食事。
　Déjeuner délicieux avec ma collègue.

▶ 親切な店員さん。
　　Vendeuse serviable.
▶ 選挙戦。
　　Campagne électorale.
▶ つまんなかった本。
　　Livre sans intérêt.
▶ すっごくおかしかった映画。
　　Film hyper amusant.
▶ イケメン！
　　Beau garçon !
▶ ミナに紹介されたアメリカ人。
　　Américain présenté par Mina.
▶ Mの誕生日。
　　Anniversaire de M.
▶ Sの感じのいい言葉（一文）。
　　Une phrase sympa de S.
▶ 昨日、すごい風。
　　Hier, beaucoup de vent.

Vendeuse serviable.

名詞止めは、使いようによっては、とても高度な技にもなります。たとえばジュリアン・グリーンは名詞止めを使ってこんなふうに書いています。
　　Impossibilité de tout dire dans ce journal.
　　　　　　　　　　　この日記の中ですべてを言うことの不可能性。

=== *petit rappel* ===
日記では、ぱっと書くだけなら冠詞はつけなくとも大丈夫です。基本的に、省いてもいい冠詞は不定冠詞（**un, une, des**）、部分冠詞（**du, de la, de l'**）です。ジュリアン・グリーンも決まっているものを指す定冠詞（**le, la, les**）については、省いてはいません。でも、自分が承知していることなら、省いてしまっても意味は通じます。

「à faire リスト」をつくろう

「à faire リスト (英語の to do リスト)」は物忘れしないために、また重要性のある順番に事を進めるために、日記や手帳に必須の項目です。リストにしなくても、あとで見て思い出すために、ちょこちょこっとメモしておくと便利です。

今度はアルベール・カミュ (Albert Camus 1913-1960) の書いたメモから見てみましょう。
カミュは *Carnets*『カミュの手帖』を残しています。1935年から1959年までつづられた覚え書きで、内容は思索と創作に関する文やメモです。日付もついていませんが、基本的な性格は日記と同じです。

アルベール・カミュ

    Lire Owen.　　　　オーウェンを読むこと。
    Littérature. Se méfier de ce mot.
　　　　　　　　　　文学。この言葉に気をつけること。
    Préparer un livre de textes politiques autour de Brasillach.
　　　　　　　　　　ブラジアックをめぐる政治的な文章を集めた本を準備すること。
    Résumer clairement mes intentions avec *la Peste*.
　　　　　　　　　　「ペスト」に対する意図を明確に要約すること。

lire, se méfier, préparer, résumer など、「~すること」という to do には不定詞 (動詞の原形) が使われています。

「〜すること」を書きとめる

▶ 薬局に寄っていくこと。
　　Passer par la pharmacie.
▶ 荷物を送ること。
　　Envoyer le colis.
▶ ガス代を払うこと。
　　Payer le gaz.
▶ 牛乳と野菜を買うこと。
　　Acheter du lait et des légumes.
▶ クリーニング屋に行くこと。
　　Aller au pressing.
▶ 冷蔵庫の中味をチェックすること。
　　Vérifier le contenu du frigo.
▶ テツオに迎えを頼むこと。
　　Demander à Tetsuo de venir me chercher.
▶ 月曜までにこの仕事を終えること。
　　Terminer ce travail avant lundi.
▶ 犬のえさを注文すること。
　　Commander de la nourriture pour chiens.
▶ ５時半に起きること。
　　Se lever à cinq heures et demie.
▶ 美容院で髪を切ってもらうこと。
　　Se faire couper les cheveux chez le coiffeur.
▶ Ｍとの約束はとりやめること。
　　Annuler le rendez-vous avec M.
▶ 歯医者を予約すること。
　　Prendre rendez-vous avec le dentiste.

=== *petit rappel* ===

「〜すること」という言い方は、不定詞（動詞の原形）・不定詞句です。「〜すること」は、日本語と一緒で「〜すべき」も意味します。

===

普通の文と同じように、pourなどの前置詞句をつけ加えることもできます。
- 待ちあわせを確認するのにMに電話すること。
    Appeler M *pour* confirmer le rendez-vous.
- Mの誕生日を祝ってパーティーを開くこと。
    Organiser une soirée pour fêter l'anniversaire de M.

前置詞àをつけて〈à＋不定詞〉にすると、よりはっきりと「〜すべき」となります。上記のようにà faireリストになっていない場合はこの書き方で。
- パーティーの時間と場所をメモすること。
    À noter : l'heure et l'endroit de la fête.
            ＊説明や例は「：」（deux points）の後に入れます。
- 庭木の剪定をなるべく早くすること。
    À tailler les arbres le plus tôt possible.
- 絶対準備を終えること。
    À terminer absolument la préparation.
- マスクをつけること。
    À prendre un masque.

À prendre un masque.

« À noter »は付箋に書いて本に貼っておいたりもできますね。

「〜しないこと」を書きとめる

今度は否定形です。手帳にメモするときのà faireリストはやるべきことですから、普通は否定はありませんが、日記文では「〜しないこと」は便利です。自分に対して「注意するんだよ！」と戒める表現と言えましょう。

p.25と同様、『カミュの手帖』から「〜しないこと」のメモを見てみましょう。

Ne pas mettre *la Peste* dans le titre.

「ペスト」をタイトルに入れないこと。

否定は〈ne pas＋不定詞〉の形で文頭におきます。

▶ あまり遅く寝ないこと。
    Ne pas se coucher trop tard.
▶ パジャマでだらだらしないこと。
    Ne pas traîner en pyjama.
▶ テツオに１０００円を返すのを忘れないこと。
    Ne pas oublier de rendre 1 000 yens à Tetsuo.

=== *petit rappel* ===

ne... pas以外にも、ne... plus「もう〜しないこと」、ne... rien「何も〜しないこと」、ne... aucun(e)...「どんな…も〜しないこと」なども使いこなせるようにしておくとよいでしょう。

ああ、また馬鹿なことを言ってしまった！
▶ 馬鹿なことを言わないこと。
    Ne pas dire de bêtises.
言ってしまった、言ってしまったけれど…
▶ そのことについてもう考えないこと。
    Ne plus penser à ça.

もう少し、ひとりでがんばってみよう。
- ▶ 誰にも何も頼まないこと。
   Ne rien demander à personne.
- ▶ 無駄なものを何も買わないこと。
   Ne rien acheter d'inutile.
- ▶ 心配しないこと。
   N'avoir aucun souci.
- ▶ 泣く理由は何もない。
   Aucune raison de pleurer.

Aucune raison de pleurer.

=== **petit rappel** ===

フランス語では、人ではなく、もの・事物が主語になることがよくあります。私たちが普通に書くと、日記は特にそうですが、すべて「私は…」から始めてしまいがち。そうすると文章がいかにも単調になります。なので繰り返しと単調さを嫌うフランス人は、それから何とか逃れようとさまざまな工夫を凝らします。la France という国名さえ繰り返すのが嫌で l'Hexagone（六角形＝フランスの形から来ている。大文字で始めると「フランス」の意）なんて言ったり。そんなテクニックのひとつが名詞を主語に使った文というわけです。名詞止めが使えるようになったら、次にそれを主語にして文を作ることができ、フランス語の文章がバラエティーに富んだものになります。「名詞止めマスター」目指して、Bon courage !

コラム　私のフランス語学習体験 ①

　学生の頃、フランス語をやるようになって、楽しくてやっていたことが2つあります。

　ひとつは、毎週土曜日に、習っていた先生にA4判1枚くらいの作文を書いて持っていって添削していただいたこと。どうも今思い出すと動機の半分くらいは不純な気がしますが、この自由作文は、とにかく習っていることを総動員して毎週何か書いたことに意義がありました。毎週毎週、稚拙な作文に貴重な時間を割いてくださった先生にはお礼の言葉もありませんが、それはさておき…。

　ここで学んだ非常に重要なことは、文は勝手にでっち上げることはできないということです。言いたいことを言うために、和仏辞典を引いて、一生懸命作り上げた文に限ってめちゃくちゃに直されてしまうのです。「こんな風には言わない」「不自然だ」と何度言われたことか。要は後ろに原文が透けて見えるへたくそな翻訳です。それを避けるには、簡単でも知っている文だけで書くこと、つまり、言いたいことを知っているフランス語のレベルに合わせるのに慣れることです。そして、いつか言いたいことを言える日を夢見て、知識を増やしていくのです。

　さて、もうひとつやっていたことが日記を書くことです。一応毎日ちょこちょこつけていました。作文の経験を踏まえて、文をでっち上げることを避けるだけではなく、毎日続けるために、基本的に辞書は引かず、知っている単語や表現だけで書くことにしていました。今読み返すと、「〜へ行った」「〜と話した」「〜を食べた」ばかりですが、それでも、ないよりよかった以上のものです。武田百合子の『富士日記』のように、だれと何を食べたか書いてあると、不思議にその日がよみがえってきます。

　そうそう、辞書は引かないことにしていましたが、食べたものは気が向くとちゃんと辞書を引いて確認しました。そのときに、例文を読んで、その単語がどんな冠詞で用いられるのか、複数なのか単数なのか、などをチェックしました。

　まずはでっちあげずに、例文にならって、身近なことについて自分でも書いてみてください。必ず身につきます！

2
基本構文をおさえよう

自分の言いたい日本語にフランス語をあわせると、難しくて、どうしていいかわからなくて書けなくなってしまいます。最初は、型どおりに文を書いてみましょう。

日本語には「てにをは」があって、それぞれの役割が分かるようになっていますが、フランス語は単語を置く場所によってその役割が決まっています。どんなに複雑に長い文でも、基本の形は決まっていて、6つしかありません。まずは、その基本文型に従ってシンプルな文を書き、それから場所、時間、状況などをつけ加えて文を伸ばしていきましょう。

基本型から伸ばしていこう

まず、シンプルな文を伸ばす例を見てみましょう。

▶ 1）歩いた。
　　J'ai marché.
▶ 2）①今朝、②健康のために、③かなり長く、④新宿から御茶ノ水まで歩いた。
　　①Ce matin, ②pour garder la forme, j'ai marché ③assez longtemps ④de Shinjuku à Ochanomizu.

▶ 1）部長に話した。
　　J'ai parlé au directeur.
▶ 2）①今日、②課の会議で、③予算獲得のために、④私のプロジェクトに関して部長に話した。
　　①Aujourd'hui, ②à la réunion de la section, j'ai parlé au directeur ④de mon projet ③pour obtenir une allocation.

いずれも1）の文が基本型、2）の文の①～④がつけ加えた情報です。①～④は適宜、言いたいことを書き加えたもので、順番も言いたい順に言えば大丈夫。つまり、基本型を押さえれば最低限のことが言え、また長い文も作れるわけです。
もう少し見てみましょう。

▶ 1）マリーに会った。
　　J'ai vu Marie.
▶ 2）①今日、②赤坂で、③一緒に夕食を取るために、④スペイン料理のレストランでマリーに会った。
　　J'ai vu Marie ①aujourd'hui ②à Akasaka ④dans un restaurant espagnol ③pour dîner ensemble.

▶ 1) 会う約束をした
　　J'ai pris rendez-vous.
▶ 2) ①テツオと ②E棟の前で ③3時に 会う約束をした
　　J'ai pris rendez-vous ①avec Tetsuo ②devant le bâtiment E ③à 15 h.

次ページからフランス語の基本文型を順番に見ていきます。
英語は5文型ですが、フランス語は6文型です。並べる要素の順番によって文型が変わったりする（例：英語のgiveなど）こともなく、明解です。
基本型は動詞の性質によって決まっていて、辞書に出ています。

たとえば動詞parler「話す」を辞書で引いてみましょう。〈parler de~ à...〉とあります。この「deについてàに話す」が基本型です。

▶ このプロジェクトについて話す。
　　Je parle *de* ce projet.
▶ 佳奈に話す。
　　Je parle *à* Kana.
とばらすこともできますし、
▶ 私はこのプロジェクトについて佳奈に話す。
　　Je parle *de* ce projet *à* Kana.
と両方使うこともできます。また、この文は、
▶ 私は佳奈にこのプロジェクトについて話す。
　　Je parle *à* Kana *de* ce projet.
とひっくり返しても同じ意味です。

=== *petit rappel* ===
àやdeの前置詞は、日本語の「てにをは」みたいなものだと思って、移動させるときには名詞はà, deごと一緒に移動させるのがコツです。

6つの基本文型をおさえよう

フランス語の基本文型は6つです。

　　基本文型1　S + V　　　　　　〈だれが、どうした〉
　　基本文型2　S + V + A　　　　 〈××は、～である〉
　　基本文型3　S + V + O.D　　　 〈だれが、なにを（だれを）、どうした〉
　　基本文型4　S + V + O.I　　　　〈だれが、だれに、どうした〉
　　基本文型5　S + V + O.D + O.I 〈だれが、だれに、なにを、どうした〉
　　基本文型6　S + V + O.D + A　 〈だれが、なにを、～にする〉

　　　S（sujet）　　　　　　：主語「～は」「～が」
　　　V（verbe）　　　　　　：動詞「～する」「～した」
　　　O.D（objet direct）　：直接目的語「～を」（が多い）
　　　O.I（objet indirect）：間接目的語「（人）に」（が多い）
　　　A（attribut）　　　　 ：属詞（英語の補語）A＝Bの文を作る。「～は…だ」
　　　　　　　　　　　　　　　 主語や目的語の状態・性質・内容などを説明する。

それではまず、それぞれの文型を確認していきましょう。そのあとで、文型1、3、5は、1章で紹介した〈いつ〉〈どこで〉〈だれと〉〈どんなふうに〉などの前置詞句を用いて文を伸ばす例を見ていきます。

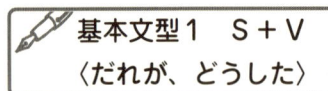

基本文型1　S + V
〈だれが、どうした〉

主語と動詞だけの単純な文です。「踊る」や「歩く」など動作や状態を示します。動詞は目的語を必要としない**自動詞**（自分だけで完結！）と呼ばれる動詞で、そのままで文として成り立ちます。

　▶ 私は踊る。　　　Je danse.
　　　　　　　　　　 S　V

　▶ 私は歩く。　　　Je marche.
　　　　　　　　　　 S　V

▶ 私は眠った。　J'ai dormi.
　　　　　　　　　 ─　─────
　　　　　　　　　 s　　v

=== petit rappel ===

この文型の中で、〈移動をあらわし、起点あるいは終点が想定される〉動詞は、複合過去で助動詞に être をとり、過去分詞は主語に性数一致します。

▶ 私（男性）は到着した。　　Je suis arrivé.
▶ 私（女性）は出発した。　　Je suis partie.

■ まずはちょっとつけ加えてみよう♪

▶ 彼は①NHK で働いている。
　Il travaille ①à la NHK.
　─　─────
　s　　v

▶ 彼は①6階に住んでいる。
　Il habite ①au cinquième étage.
　─　──
　s　 v

▶ 母は今まで①外国に行ったことがない。
　Ma mère n'a jamais été ①à l'étranger.
　─────　──────────
　　 s　　　　　　v

▶ 彼は①車で来た。
　Il est venu ①en voiture.
　─　──────
　s　　　v

=== petit rappel ===

乗り物に乗る手段の表現をまとめておきましょう。乗り込むものは en、またがるものは à を使います。vélo は本来 à vélo ですが、日常的に en vélo がよく使われます。

▶ 車で［タクシーで / 電車で / 飛行機で / 船で / 自転車で］
　　en voiture [taxi / train / avion / bateau / vélo]
▶ 自転車で　　à bicyclette [vélo]
▶ 歩いて　　　à pied

35

■ 文を伸ばそう♪
それでは、基本要素に、1章で学んだ〈いつ〉〈どこで〉〈だれと〉〈どんなふうに〉などの前置詞句をつけて文を伸ばしてみましょう。順番は言いたい順に。

▶ 私は①毎週土曜の昼、②母と食事をする。
　　Je déjeune ②avec ma mère ①le samedi midi (tous les samedis midi)
　　 S　　　V

▶ 私たちは①夕食の後で、②4月以来、久々に、③カラオケに行った。
　　①Après le dîner, on est allé ③au Karaoké ②pour la première fois
　　　　　　　　　　 S　　V
　　depuis avril dernier.

▶ ①毎朝、②健康のために、③夫と私は ④ひとつ先の駅まで ⑤歩いて行く。
　　①Tous les matins, ②pour faire de l'exercice, ③mon mari et moi, nous
　　　　　　　　　　　　　　　　　　　　　　　　　　　　　　　　　　　　　S
　　allons ⑤à pied ④jusqu'à la gare suivante.
　　　V

▶ 私たちは①2時間待って、②やっと、③スカイツリータワーに上った。
　　①Au bout de deux heures d'attente, ②enfin, nous sommes montés
　　　　　　　　　　　　　　　　　　　　　　　　　　　　　S　　　　V
　　③à la tour Sky Tree.

▶ フランス人の顧客が①今日の午後、②成田に到着した。
　　Une cliente française est arrivée ②à Narita (à l'aéroport de Narita)
　　　　　　S　　　　　　　　　V
　　①cet après-midi.

Une cliente est arrivée cet après-midi.

=== *petit rappel* ===

この文型でよく使う、行き先を示す前置詞を確認しておきましょう。
à + le = au, à + les = aux の縮約は普通名詞と同じです。
都市は無冠詞→ *à* Tokyo   *à* Paris
国名や地方名は、最後が-eで終わっていたら女性名詞、それ以外は男性名詞です。地方名、女性名詞の国名、母音で始まる国にはenを使います。
男性名詞の国名　　→ *au* Japon　 *au* Canada　 *au* Brésil　 *au* Portugal
　　　　地方名　→ *au* Gumma　 *au* Pays Basque
女性名詞の国名　　→ *en* France　 *en* Belgique
　　　　地方名　→ *en* Normandie
　　　　　　　　　　en Aomori（＝ dans le département d'Aomori）
母音で始まる国名　→ *en* Iran　　*en* Italie
複数名詞の国名　　→ *aux* États-Unis

▶ 彼は20年前にアメリカにいたことがある。
　　Il a été *aux* États-Unis il y a vingt ans.
▶ 今年の夏は、2週間、フランスに行こうと思っている。
　　Cet été, je compte aller *en* France pour quinze jours.

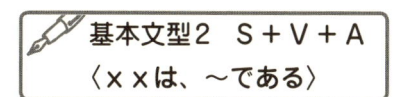

基本文型2　S＋V＋A
〈××は、～である〉

主語の説明をするときに用いられる文型です。
属詞Aは主語Sの性質や状態を説明する名詞や形容詞です。属詞は直接目的語と性数一致します。職業は冠詞をつけません。

▶ 彼はフランス語の先生だ。　　Il est professeur de français.
　　　　　　　　　　　　　　　S　V　　　A

▶ 彼女は看護師になった。　　Elle est devenue infirmière.
　　　　　　　　　　　　　　S　　V　　　　A

▶ 彼女はそんな年に見えない。　Elle ne paraît pas son âge.
　　　　　　　　　　　　　　　S　　　V　　　　A

もう少し見てみましょう。........ はつけ加えた部分です。でも、基本文型2はいろいろな要素を入れて伸ばすより、このまま使う方が多いです。

1)「S＝Aの状態」をつくる構文で、動詞êtreが基本です。

▶ 私は①朝日新聞のジャーナリストだ。
　　Je suis journaliste ①au journal Asahi.
　　 S　 V　　　A

▶ それは嘘ではない。
　　Ce n'est pas un mensonge.
　　S　　V　　　　A

▶ ①昨日、②見本市で、私は③一日中立ちっぱなしだった。
　　①Hier, ②à la foire, je suis restée debout ③toute la journée.
　　　　　　　　　　　　 S　 V　　　　A

2)「SはAになる / Aの状態になる」

▶ 彼女の息子は医者になるだろう。
　　Son fils deviendra médecin.
　　　S　　　 V　　　　A

▶ 私は①彼と恋に落ちた。
　　Je suis tombée amoureuse ①de lui.
　　S　　 V　　　　　A

▶ 彼はまだ独身だ。
　　Il reste célibataire.
　　S　 V　　A

3)「SはAに見える / 思える」

▶ 報告書を読むと、状況は微妙に②（私には）思えた。
　　①À la lecture du rapport, la situation ②m'a paru délicate.
　　　　　　　　　　　　　　　　S　　　　 V　　　A

▶ 先生は①知らせを聞いて幸せそうに見えた。
　　Mon professeur semblait heureux ①de la nouvelle.
　　　　　S　　　　　　V　　　　A

基本文型3　S + V + O.D
〈だれが、なにを（だれを）、どうした〉

動詞の中には、すぐあとに前置詞を介さずに名詞をとるものがあります。こうした動詞を**直接他動詞**（辞書では単にv.t. あるいはv.t.dirと記してあります）と呼びます。ほとんどの場合、日本語で「～を」と考えて大丈夫ですが、ときどき「～に」「～が」となるときもあります。

▶ 私はテニスをする。　　　　Je fais du tennis.
　　　　　　　　　　　　　　 S　 V　 O.D

▶ 私はコーヒーを飲む。　　　Je prends un café.
　　　　　　　　　　　　　　 S　　V　　 O.D

▶ 私はユミコに会った。　　　J'ai vu Yumiko.
　　　　　　　　　　　　　　 S　V　　O.D

この文型は「～を持っている」「～に会う」「～が好きだ」なので、働きかける相手がないと不完全な文になってしまいます。目的語は省略はしないので注意しましょう。

=== *petit rappel* ===
目的語の代名詞（直接目的：me, te, le, la, nous, vous, les, 間接目的：me, te, lui, nous, vous, leur）は、それを目的語としてとっている動詞の前に入れます。
　　英語→I love **you**.　　　　フランス語→ Je **t'**aime.
「それを目的語としてとっている動詞」は下記の文を見るとわかります。
　　① Je vois Tetsuo.　　　　　　　　→ Je **le** vois.
　　② J'ai vu Tetsuo.　　　　　　　　 → Je **l'**ai vu.
　　③ Je vais [peux / veux / dois...] voir Tetsuo.　→ Je vais **le** voir.
①は現在形、②は複合過去の文で、それぞれ活用している動詞の前に入っていますが、③は「～できる」「～したい」「～しなくちゃならない」などのニュアンスをつけ加える助動詞をとる形で、Tetsuoを目的語としてとるのは上の2例同様voirです。ですからTetsuoを代名詞にしたleは、他の場合と同じようにvoirの前に入ります。

■ 文を伸ばそう♪

それでは、基本文型3の要素に1章で学んだ〈いつ〉〈どこで〉〈だれと〉〈どんなふうに〉などの前置詞句をつけて文を伸ばしてみましょう。つけ加える要素の順番は言いたい順で大丈夫です。

▶ ①麻布で ②サラの誕生日に ③友だちと楽しい夜を過ごした。
　　J'ai passé une soirée agréable ③avec mes amis ②à l'anniversaire de Sara ①à Azabu.
　　S　V　　　　O.D

▶ 私は ①ラジオで ②毎日フランス語講座を聴いている。
　　J'écoute ②tous les jours le cours de français ①à la radio.
　　S　V　　　　　　　　O.D

▶ 姪っ子のルナを ①水族館に連れて行った。
　　J'ai amené ma nièce Luna ①à l'aquarium.
　　S　V　　　O.D

▶ 私は ①一日に50通を超える迷惑メールを受け取る。
　　Je reçois plus de cinquante spams ①par jour.
　　S　V　　　　O.D

▶ ①今朝、②地下鉄の四ッ谷駅で元彼とすれ違った。
　　①Ce matin, j'ai croisé mon ancien petit ami ②à la station Yotsuya.
　　　　　　S　V　　　O.D

▶ ①ゴールデンウィークには ②友達と北海道旅行の計画がある。
　　①Pour la Golden-Week, j'ai un projet de voyage à Hokkaido ②avec mes amis.
　　　　　　　　　　　S V　　　　O.D

▶ ①4時頃、②たまたまばったり田中さんに ③本屋で会った。
　　J'ai rencontré ②par hasard M. Tanaka ③dans une librairie ①vers quatre heures.
　　S　V　　　　　　　O.D

▶ 私は ①毎朝毎晩、②1時間、犬のポチの散歩をする。
　　Je promène mon chien Petit ①tous les matins et tous les soirs
　　 S　 V　　　 O.D
　　②pendant une heure.

▶ 弟を ①ジョギングするために ②5時に起こした。
　　J'ai réveillé mon frère ②à cinq heures ①pour faire du jogging.
　　 S　　V　　　 O.D

■ 代名動詞って？

基本文型3の例文を利用して、ここで、代名動詞と呼ばれる動詞の基本を見てみましょう。

上の例で、J'ai réveillé mon frère.「私は弟を起こした」が、働きかける相手が自分だったらどうでしょう。日記では自分に働きかけることも多いですよね。「起きる」を「自分を起こす」と考えてみましょう。主語と目的語が同じ人になったとき、動詞は「代名動詞」になります。代名動詞のカテゴリーに移るという言い方もできます。変わるのは1点だけ、複合過去を作るときに助動詞がavoirではなくêtreになるところです。

　　Je réveille mon frère à cinq heures. → J'ai réveillé mon frère à cinq heures.
　　Je me réveille à cinq heures. → Je me suis réveillé(e) à cinq heures.
　　　　 ↑ meは直接目的の再帰代名詞（主語と同じ人を表す代名詞のこと）

直接目的語が動詞の前に来ると、過去分詞は直接目的語（この場合は主語と同じ人）に性数一致します。

基本文型4　S + V + O.I
〈だれが、だれに、どうした〉

辞書に**間接他動詞**（v.t.ind）と記してある動詞は前置詞を介して名詞に働きかけます。このような名詞を**間接目的語**と呼び、使われる前置詞は普通 à と de です。どちらかは動詞によって決まっています。両方用いる動詞もあります。動詞が出てきたら、最初から à, de をつけて覚えると、あとあと楽ですよ！

▶ 彼女はお兄さんに似ている。　　Elle ressemble à son frère.
　　　　　　　　　　　　　　　　　S　　　V　　　　O.I

▶ 私は大家さんに話した。　　　　J'ai parlé à mon propriétaire.
　　　　　　　　　　　　　　　　S　　V　　　　O.I

▶ 部長はこの機に乗じている。　　Le directeur profite de cette occasion.
　　　　　　　　　　　　　　　　　S　　　　　V　　　　　O.I

à をとる動詞の例

accéder à...	～に達する、行き着く	consentir à...	～に同意する
demander à...	～に頼む	échapper à...	～を逃れる
pardonner à...	～を許す	penser à...	～のことを考える
plaire à...	～の気に入る	renoncer à...	～をあきらめる
répondre à...	～に答える	résister à...	～に抵抗する
ressembler à...	～に似ている	réussir à...	～に成功する

de をとる動詞の例

douter de...	～を疑う	hériter de...	～を受け継ぐ
jouer de...	～を演奏する	jouir de...	～を享受する
manquer de...	～が欠けている	profiter de...	～を利用する

à も de もとる動詞の例

parler de ～ à...	…に～を話す
dire du bien [du mal] de ～ à...	…に～のいいこと[悪いこと]について言う

文を伸ばそう♪

それでは、基本要素に、1章で学んだ〈いつ〉〈どこで〉〈だれと〉〈どんなふうに〉などの前置詞句をつけて文を伸ばしてみましょう。..........はつけ加えた部分です。でも、この文型は基本文型2と同様、いろいろな要素を入れて伸ばすより、このまま使う方が多いです。

▶ ①毎週末、両親に電話することにしている。
  Je téléphone à mes parents ①tous les week-ends.
  S   V   O.I

▶ ①お金がないので、両親は私たちの結婚に同意していない。
  ①Faute d'argent, mes parents ne consentent pas à notre mariage.
                    S   V   O.I

▶ 私のレポートは、①ものすごく先生の気に入った。
  Mon rapport a plu ①énormément à mon professeur.
  S   V   O.I

▶ フランス語の試験は①準備不足で②完全にあきらめた。
  J'ai ②complètement renoncé à l'examen de français, ①par manque de préparation.
  S V   V   O.I

=== *petit rappel* ===

上の例文でrenoncerにかかる副詞complètementの位置に注意しましょう。フランス語では、飾り（修飾語）は修飾する語の直後に来ます。副詞の定位置は修飾する動詞の直後、複合過去の場合はavoirと過去分詞の間です。

▶ 普段、私はよく働く。　　　D'habitude, je travaille *bien*.
▶ 昨日はよく働いた。　　　　J'ai *bien* travaillé hier.

基本文型5　S＋V＋O.D＋O.I
〈だれが、だれに、なにを、どうした〉

直接目的語を持つ基本文型3と、間接目的語を持つ基本文型4の組み合わせです。

▶ 絵はがきをマリーに送った。
　　J'ai envoyé une carte à Marie.
　　S　　V　　　O.D　　　O.I

▶ お母さんがワンピースを買ってくれた。
　　Maman m'a acheté une robe.
　　　S　　 O.I　　V　　 O.D

ほとんどは上記のように〈～を＝直接目的〉〈人に＝間接目的、à＋人〉ですが、ときどき de を使うものもあります。比較的よく使われる動詞、remercier「お礼を言う」、informer「お知らせする」がこの形なので注意しましょう。

▶ 私はマリーに招待のお礼を言った。
　　J'ai remercié Marie de son invitation.
　　S　　V　　　　O.D　　　O.I

▶ 彼女は結婚式について知らせてきた。
　　Elle m'a informé de la date de son mariage.
　　S　　O.D　V　　　　　　O.I

■ 文を伸ばそう♪
　………… はつけ加えた部分です。でも、基本文型2、基本文型4と同様、いろいろな要素を入れて伸ばすより、このまま使う方が多いです。

▶ ①夕食の支度でママの手伝いをした。
　　J'ai donné un coup de main à maman ①pour préparer le dîner.
　　S　　V　　　　O.D　　　　　　O.I

▶ ①今日、フランス語のクラスの隣の子が②親切に自分の電子辞書を貸してくれた。

①Aujourd'hui, mon voisin de classe du cours de français m'a ②gentiment
　　　　　　　　　S　　　　　　　　　　　　　　　　　　　　　O.I V
prêté son dictionnaire électronique.
　V　　　　O.D

▶ 友だちの喜和が①今日、タイ土産をくれた。

①Aujourd'hui, mon amie Kiwa m'a donné un souvenir de Thaïlande.
　　　　　　　　　　S　　　　O.I　V　　　　　　O.D

▶ ①地下鉄で、②向かいの席の男の子がお年寄りに席を譲った。

①Dans le métro, le garçon ②en face de moi a offert sa place à une
　　　　　　　　　　S　　　　　　　　　　　　　V　　　O.D　　O.I
personne âgée.

▶ 同僚のひとりが私たちに出発を伝えた。

Un de mes collègues nous a informés de son départ.
　　　S　　　　　　　O.D　V　　　　　O.I

■この基本文型5でも代名動詞あり！

次の例を比較してみましょう。

▶ 1) 私は親友にプレゼントをした。
　J'ai fait un cadeau à ma meilleure amie.

▶ 2) 私は自分にご褒美（ちょっとした歓び）をあげた。
　Je me suis fait un petit plaisir.

1) のà ma meilleure amieが2) ではme「私に」となり、どちらも間接目的語です。2) ではmeが動詞の前に入ると同時に、主語と目的語が同じ人になったので代名動詞のカテゴリーに移り、助動詞はêtreをとるようになります。

▶ 3) お母さんは私にワンピースを買ってくれた。
　Maman m'a acheté une robe.

▶ 4) 私は自分に［自分のために］ワンピースを買った。
　Je me suis acheté une robe.

45

4) では主語が変わって、主語と目的語が同じ人になりました。そうすると代名動詞のカテゴリーに移ります。

2), 3), 4) どの場合も、me は間接目的語なので、acheté は性数一致しません。

映画監督エリック・ロメール (Éric Rohmer 1920-2010) の『海辺のポーリーヌ』(1983) の中で、しつこく迫る若い男に、ポーリーヌの美人の従姉妹は《 L'amour ne se commande pas !》 と言い放ちます。直訳すれば「愛は注文されるものじゃないの」、つまり「愛は自然にわいてくるものなのよ」ということです。commander は「命令する」「(コーヒーなどを) 注文する」という動詞です。l'amour のようにモノが主語になると「〜される」と受け身に訳されます。

■ この構文の重要な代名動詞は？

「顔を洗った」「手を洗った」「髪をシャンプーした」「脚を折った」など、自分の体の一部分に働きかけるとき、この文型を使います。自分にワンピースを買う場合と同じです。比べてみてください。

▶ 私はワンピースを買った。　Je me suis acheté une robe.
　　　　　　　　　　　　　　 S　O.I　　 V　　　O.D

▶ 私は手を洗った。　　　　　Je me suis lavé les mains.
　　　　　　　　　　　　　　 S　O.I　　 V　　 O.D

そっくり同じつくりでしょう？ 手は「自分の手」に決まっているので定冠詞になります。「手を洗う」ので les mains が直接目的語です。me は間接目的なので、この構文では過去分詞は性数一致しません。

---
petit rappel

*J'ai lavé mes mains. とは言いません。もともと laver は、靴下や食器など、自分以外のものを洗う動詞です。ですから、「手を洗う」のつもりで *J'ai lavé mes mains. と書くと、まるで手首から先をはずして洗濯しているような感じになってしまいます。先に、Je me suis lavé「自分を洗う」と言ってから、定冠詞をつけて洗う部分を言いましょう。

基本文型6　S＋V＋O.D＋A
〈だれが、なにを、〜にする〉

属詞Aは直接目的語O.Dの性質や状況を説明します。直接目的語＝属詞なので、形容詞などが来る場合は性数一致します。作為的な広い意味の動詞（rendre, faire）、任命・命名の動詞（appeler, nommer）、認知・判断の動詞（croire, trouver）などがあります。それぞれ普通に基本文型3や基本文型5として直接目的語をとる用法もある動詞です。比べてみましょう。

1) ⓐ J'ai trouvé ma clé.　　　　　　　　　　　　鍵を見つけた。
　　　S　V　　O.D

　ⓑ J'ai trouvé sa femme très belle.　私は彼の妻がとても美人だと思った。
　　　S　V　　O.D　　　　A

2) ⓐ Le professeur a rendu leurs devoirs aux élèves.
　　　S　　　　　V　　　O.D
　　　　　　　　　　　　　　　　　　先生は生徒に宿題を返した。

　ⓑ Cette pensée a rendu Emma heureuse.
　　　S　　　V　　O.D　　A
　　　　　そう思うとエマは幸せな気分になる（その考えがエマを幸せにする）。

1)-ⓑ、2)-ⓑともに直接目的語であるma femme, Emmaを代名詞にすると
　Je *l'*ai trouvée très belle.
　Cette pensée *l'*a rendue heureuse.
のように過去分詞は直接目的語の代名詞l'(＝la)に性数一致します。

■ 文を伸ばそう♪
　　……はつけ加えた部分です。

▶ 彼女は①いつだって他の人の方がラッキーだと思っている。
　　Elle croit ①toujours les autres plus chanceux qu'elle.
　　　S　　V　　　　　　　　　　O.D　　　　　A

▶ ユリの結婚のニュースで、ハッピーと思ったけど、①同時に嫉妬した。
　　La nouvelle du mariage de Yuri m'a rendue ①à la fois joyeuse et jalouse.
　　　　　　　S　　　　　　　　O.D　　V　　　　　　　　A

▶ ①いつだって彼はあまりに無関心だと感じる。
　　Je le sens ①toujours trop indifférent.
　　S O.D　V　　　　　　　　　A

▶ 三宅さんのレポートは①ほんとに素晴らしい。
　　Je trouve le rapport de M. Miyake ①tout à fait remarquable.
　　S　 V　　　　O.D　　　　　　　　　　　　　A

▶ こういう態度を子供っぽいと言う。
　　On appelle cette attitude enfantine.
　　S　 V　　　　O.D　　　　　A

▶ ①昨日、大野さんが課長に任命された。
　　①Hier, on a nommé Madame Ohno directrice de la section.
　　　　　S　V　　　　　O.D　　　　　　　A

いかがですか？　必要な動詞を辞書で引いたら、どの基本文型なのか、例文でチェックしましょう。そうすれば正しい文で出来事だけを記す非常にシンプルな日記をつけることができます。欲張っては続かないので、少しずつ。

3
文を伸ばそう

6つの基本文型によるシンプルな文の次は、ひとつ上のテクニックにチャレンジしましょう。ここでは形容詞の代わりに入れる名詞を修飾する関係代名詞節、いろいろな接続詞句に代わるジェロンディフ、また、フランス人が大好きな強調する書き方を扱います。と言っても、そんなに構えなくても大丈夫。特に、関係代名詞の、2つの文を結合する云々ではない、考える順、話す順に書いていく考え方、文の作り方はきっと役に立つと思います。焦らずにゆっくり順を追って見ていきましょう。

関係代名詞

フランス語は、言いたいことを先に言う言語です。たとえば、英語と違って、名詞を修飾する形容詞は一部を除いて名詞の後に置きます。

- 青い鳥 　　　　　　un oiseau bleu（= a blue bird）
- おもしろい友だち　　un ami amusant（= a funny friend）

関係代名詞は、形容詞と同じように、名詞を修飾するものです。さらにつけ加えたい情報が、形容詞のような単語ではなく文になるときに使います。位置も形容詞と同じように名詞の後ろです。
主な関係代名詞はqui, que, où, dontの４つ。英語のthatと違って省略されることはなく、また、人と物の区別もありません。よく使われるのはquiとqueです。

主格のqui

先行する名詞が後の文の主語になるときに使います。英語のwho, that, whichにあたり、英語と違ってquiは人にも、モノにも、使います。さきほどのun oiseau bleuのbleuのところに「歌っている」と入れてみましょう。

- 歌っている鳥　　　un oiseau *qui* chante

qui chanteは形容詞bleuと同じように名詞であるun oiseauを説明しています（＝形容詞節）。
たとえば人を修飾すると——

- ブラジルに住んでいる友だち　　une amie *qui* habite au Brésil
- 福岡出身の友だち　　　　　　　une amie *qui* est de Fukuoka
- ギターを演奏する友だち　　　　un ami *qui* joue de la guitare

名詞につく冠詞（および冠詞相当語）は、このような不定冠詞の他に、定冠詞、指示形容詞、所有形容詞など、状況によってさまざまです。

- 仲間で一番歌のうまい男の子
    le garçon ***qui*** chante le mieux du groupe　　＊決まった子なので定冠詞。
- カナダに住んでいる弟
    mon frère ***qui*** habite au Canada
- もう動かないあの時計
    cette montre ***qui*** ne marche plus

これだけでも、ちょっとしたタイトルになるでしょう？　たとえば、ある雑誌の記事のタイトルに、こんなのがありました。

Alain Bernard：le champion ***qui*** a rendu le sourire à la France !
　アラン・ベルナール、フランスにほほえみを取り返したチャンピオン！

=== *petit rappel* ===
名詞を修飾するものは形容詞（節）、動詞を修飾するものは副詞（節）です。
　形容詞（節）　　un oiseau **bleu**　　un oiseau ***qui chante***
　副詞　　　　　Elle chante **bien**.

■ 文にしよう♪
さて、今度は、関係代名詞をつけた名詞をひとかたまりにして名詞として扱い、文を作ります。
主語にすると――

- ブラジルに住んでいる友だちが来週日本に来る。
    Une amie *qui* habite au Brésil viendra au Japon la semaine prochaine.

目的語にすると——
> 私には福岡出身の友だちがいる。
> J'ai une amie *qui* est de Fukuoka.

主語や目的語以外の部分、たとえば前置詞のあとにも——
> レディー・ガガのコンサートに、ガガの大ファンの友だちと行った。
> Je suis allée au concert de Lady Gaga avec un ami *qui* l'adore.

目的格の que

qui と並んでよく使う関係代名詞が que です。先行する名詞があとの文の目的語になるときに使います。英語の whom, that, which にあたり、人にも、モノにも使うことができます。que 以下の関係代名詞節がつく名詞には、不定冠詞、定冠詞、所有形容詞などが可能ですが、ここでは定冠詞をつけたものを挙げます。

> みんなが尊敬している部長
> le directeur *que* tout le monde respecte
> 欲しかったバッグ
> le sac *que* je voulais
> 見つけたカギ
> la clé *que* j'ai trouvée
> 昨日買ったワンピース
> la robe *que* j'ai achetée hier
> 彼が勧めてくれたビデオ
> la vidéo *qu'*il m'a recommandée
> たまたま病院の前で会った女の子
> la petite fille *que* j'ai rencontrée par hasard devant l'hôpital

=== *petit rappel* ===
「直接目的語が過去分詞より前に置かれたとき、過去分詞は先立つ直接目的語に性数一致する」という規則があります。la clé *que* j'ai trouvée の trouvé に e がついているのはそのせいです。

■ 文にしよう♪

主語にすると――
▶ 彼が勧めてくれた本は私には難しすぎる。
　　Le livre *qu'*il m'a recommandé est trop difficile pour moi.

目的語にすると――
▶ 欲しかったバッグを買った。
　　J'ai acheté le sac *que* je voulais.

前置詞のあとにも――
▶ 自分のプロジェクトを、みんなが尊敬している部長と一緒に進めている。
　　J'avance mon projet avec le directeur *que* tout le monde respecte.

=petit rappel=

Le livre / *qu'*il m'a recommandé / est trop difficile pour moi.
これを見ると、関係代名詞節が間にあるときは、動詞の前までが挿入句であることがよくわかります。長文を読むときの参考にしてください。

場所と時の où

先行する名詞が後の文の場所や時の副詞句（動詞を修飾する）の一部に含まれているときに使います。英語のwhere, whenの両方に使えます。

▶ 私が生まれた町
　　la ville *où* je suis né(e)　(←je suis né(e) dans cette ville)
▶ 彼が来たとき
　　au moment *où* il est venu　(←il est venu à ce moment-là)

=petit rappel=

先行詞が「場所」かどうかは関係ありません。その語が後の文で何の役割なのかが問題です。

　　昨日、訪ねた町　　la ville *que* j'ai visitée hier

ここで、la ville は後続の文の動詞 visiter の直接目的語です。ですから、où ではなくque を使ってつなげます。

■ 文にしよう♪
- 父が勉強した大学はフランスの南部にある。
  L'université *où* mon père a étudié est dans le sud de la France.
- 彼が住んでいる街に行ってみたい。
  Je voudrais aller dans le quartier *où* il habite.
- モスクワは好きじゃない。暮らしたい街じゃない。
  Je n'aime pas Moscou. Ce n'est pas une ville *où* j'ai envie de vivre.
- 私は修士課程を終えた年にフランスに出発した。
  Je suis parti(e) pour la France l'année *où* j'ai terminé ma maîtrise.
- 彼は私が髪を洗い始めたときに電話してきた。
  Il m'a appelé au moment *où* je venais juste de commencer à me laver les cheveux.
- 初めて彼にあった日を思い出す。
  Je me rappelle le jour *où* je l'ai rencontré pour la première fois.

■ 便利な表現 là où 「そのとき」「そこへ」「なのに」
là は「そこ」、場所を示す副詞ですが、ときに比喩的な意味で時間を表すこともあります。英語と違って「時」と「場所」の両方に使える関係代名詞の où と組み合わせた là où は、何か具体的な時なり場所なりの先行詞を入れなくてよい、なかなか便利な表現です。

まずは普通に場所を表す文から──
- 私が住んでいたところには、雪が多かった。
  Là où j'habitais, il y avait beaucoup de neige.
- 彼がいたところに行った。
  Je suis allé *là où* il a été.
- 置いたと思ったところに鍵が見つからなかった。
  Je n'ai pas retrouvé mes clés *là où* je croyais les avoir laissées.

5世紀のフン族の王、アッティラはその容赦のない略奪と殺戮で恐れられていました。次はその史実からのことわざです。

 « ***Là où*** Attila passe, l'herbe ne repousse pas. »
　　　　アッティラが通るところには、二度と草は生えない。

単語を覚えるのに、昔は覚えたページを食べながら（!）というのがありました。アッティラのことわざが応用できます。

▶ 私の通るところでは、辞書はページを失う。
　　Là où je passe, le dictionnaire perd ses pages.

✏️ deと一緒に使う動詞・表現には dont

dont = de qui, de quoi、英語ではwhose, of whom, of which にあたるものです。qui, que比べると、dontは使いにくいかもしれませんが、それはフランス人も同じです。ですから、よく使われる決まった動詞や表現以外は、書き言葉です。

de...となるものには主に3つの場合があります。3）はあまりでてこないかもしれません。

1) deをとる動詞に由来するもの（p.42参照）
　　le problème ***dont*** tu m'as parlé ~~de ce problème~~ l'autre jour
　　　　この前話してくれた問題。
2) 〈avoir＋形容詞＋de...〉〈être＋形容詞＋de...〉などの表現に由来するもの
　　son adresse e-mail ***dont*** j'avais besoin ~~de son adresse e-mail~~
　　　　必要だった彼のメールアドレス（＝彼のアドレス、それが必要だった）。
　　la note ***dont*** je suis content(e) ~~de la note~~
　　　　満足している成績（＝成績、それに満足している）。
3) 所有のde（～の）に由来するもの
　　Marcel Proust ***dont*** le père était médecin (=le père ~~de Proust~~ était médecin)
　　　　父親が医者であったマルセル・プルースト（＝マルセル・プルースト、彼の父親は医者）。

■ こんな風に考えてみよう
言葉は聞こえる順番、見る順番に頭に入ってきます。ですから、関係代名詞も、文法書にあるように2つの文をくっつけると考えるより、本来の使い方としては前から考えて行くほうが自然です。でも、un oiseauにqui chanteをつけるのは楽でも、dontはなんとなくわかりにくいですですよね。
やり方としてはこんな風です。たとえば、「必要なアドレス」を *son adresse que j'avais besoinと書いたとします。ここまではqui, queのくっつけ方と同じ。queはよく使うので、ついつい使いがち。でも、そのとき、besoinまで来たら、「あ、besoinはavoir besoin de...だった」と思い出して、queをdontに直す、そんな感じです。もちろん頭の中でそこまで考えてからなら、いっぺんにdontを使って書けるわけですが、なかなか困難…。

■ このくらい使えればOK
dontは、実はフランスでもほとんど、かなりレベルの高い書き言葉です。ですからとりあえず、dontと一緒によく使われることの多い動詞をいくつかチェックすればいいでしょう。

■ 決まり文句のdont tout le monde parle
parler de...「〜について話す」を用いた表現で、評判になっているもの、ベストセラーなどに使います。丸ごと覚えてしまいましょう。

▶ 今評判のレストラン
　　le restaurant ***dont tout le monde parle***
▶ 話題になっているドラマ
　　le feuilleton ***dont tout le monde parle***
▶ 話題の女優
　　l'actrice ***dont tout le monde parle***

これ以外にdont on parle beaucoupもあります。onはtout le monde ほど強くないので、
- ここは評判のレストランだ。
    C'est un restaurant ***dont on parle beaucoup***.
- これはよく出てくる女優だ。
    C'est une actrice ***dont on parle beaucoup***.

といったように不定冠詞で使うか、あるいは「場」を限定します。
- これはメディアで評判の映画だ。
    C'est le film ***dont on parle beaucoup*** dans les médias.

■ parler de... 以外のよく使われる動詞句
普段から、deと一緒に使う動詞（句）まで含めたかたまりで覚えておくことをお勧めします。

avoir envie de...	～がしたい
avoir peur de...	～が怖い
rêver de...	～を夢見る

- ずっと欲しかった靴を見つけた。
    J'ai trouvé les chaussures ***dont*** j'avais envie depuis longtemps.
- それは私が一番恐れていたことだ。
    C'est ce ***dont*** j'avais le plus peur.
- 彼は私がいつも夢見ていた男性だ。
    C'est l'homme ***dont*** j'ai toujours rêvé.

C'est l'homme dont j'ai toujours rêvé.

ジェロンディフ

ジェロンディフは、文法書でもかなり後の方に出てきて、あまりなじみがないかもしれませんが、書くときにはとても心強い味方です。ジェロンディフを使えば、たいていの副詞句（副詞は動詞を修飾するのでしたね！）を時制を考えずに作ることができます。英語の分詞構文のようなものです。
形は〈en＋現在分詞〉です。

  Je chante <u>bien</u>.   私はうまく歌う。
  Je chante <u>en faisant la vaisselle</u>. 私は皿洗いをしながら歌う。

bien と en faisant から始まるジェロンディフはどちらも動詞「歌う」にかかっています。動詞にかかるので、bien は副詞、ジェロンディフの節は副詞節です。

意味は大きく分けると4つあります。これらすべての意味をジェロンディフは持っています。つまり、接続詞を考えたり、動詞の活用を考えたりする過程を省くことができるのです。便利でしょう？

① 時間（同時）「～しながら」pendant que...
 ▶ Exileを聞きながら掃除をした。
  J'ai fait le ménage ***en écoutant*** un disque d'Exile.

ことわざにも使われています。《 L'appétit vient *en mangeant*. 》「食べるにつれて食欲が出る＞欲望には際限がない」

 ▶ ジョギングをする間、イヤフォンをつけるのが好きだ。
  J'aime mettre mes écouteurs tout ***en faisant*** du jogging.
           ＊強調のtoutを伴うことが多い。

② 時間「～のとき」quand...
 ▶ 改札を出たとき、偶然、翔に会った。
  J'ai rencontré par hasard Sho ***en sortant*** du guichet d'accès au quai.

▶ 旅から帰ったら、美容院に行こう。
   En rentrant mon voyage, j'irai chez le coiffeur.

③ 手段・条件「〜ならば」「〜すると」si...　　＊主動詞は単純未来か条件法。
▶ おばあちゃんに会いに行けば、喜ぶだろう。
   Je ferais plaisir à mamie ***en allant*** la voir.
▶ この汽車に乗れば、約束の時間より前に大阪に着くだろう。
   En prenant ce train-ci, on arrivera à Osaka avant le rendez-vous.
ことわざにも使われています。《 C'est *en forgeant* qu'on devient forgeron. (＝On devient forgeron en forgeant.)》「人は実際に鉄を鍛えることによって鍛冶屋になる＞習うより慣れろ」

④ 対立・譲歩「〜だけれども」「〜だとしても」bien que... / alors que...
　　　　　　　　　　　　　　　　　　＊強調のtoutを伴うことが多い。
▶ 私が嘘をついていないことを知りながら、彼は私を嘘つき呼ばわりした。
   Tout ***en sachant*** que je ne mentais pas, il m'a traité de menteur.

═══petit rappel═══
ジェロンディフは現在形のnousの活用の語尾、-onsを-antにして作る現在分詞に、enをつけたものです。
　nous faisons→faisant(現在分詞)→en faisant(ジェロンディフ)
ジェロンディフの主語は主節の主語と同じであることに注意！
　Elle conduit ***en parlant*** à son téléphone portable.
　　彼女は電話しながら運転している。
運転しているのも、電話しているのも「彼女」です。

強調する

フランス語は基本的に言いたいことを先に言う言語です。
次のような言い方も、とりあえず代名詞で言ってしまってから、あとで特定する形です。

 C'est lui, mon ami Philippe.　あの人だよ、友だちのフィリップだよ。

「c'est... que の強調構文」とも言われる初級で習う構文も、言いたいことを先に言っているのです。
普通の文だと、

 J'ai envoyé une lettre à Nadia.　ナディアに手紙を送った。

「ナディアに」を強調すると、

 C'est à Nadia ***que*** j'ai envoyé une lettre.　手紙を送ったのはナディアにだ。

となります。強調する部分を、前置詞が付いていれば、それごと C'est que の間にはさむのです。

関係代名詞を使った強調表現もあります。ce が「〜なこと」という意味の qui の先行詞になっています。

 ▶ 重要なのは前向きに考えることだ。
  Ce qui est essentiel, ***c'est de*** penser de façon positive.
 ▶ 重要なのは遅刻しないことだ。
  Ce qui est important, ***c'est de*** ne pas être en retard.

接続詞 que を用いて文を導入することもできます。話者である私の「あり得ない！」という感情を受けて、接続法になっています。

 ▶ あり得ないのは、彼が私抜きで出発したことだ。
  Ce qui n'***est*** pas possible, ***c'est*** qu'il <u>soit parti</u> sans moi.

この文は強調しなければ、Il n'est pas possible qu'il soit parti sans moi. です。

4
日記でよく使うパターン

「今日は〜をして過ごした」「久しぶりに〜をした」「〜するつもりだ」「〜すればよかった」「早く〜したいなぁ」…。この章では、日記を書くときに活用できる便利な表現パターンを紹介します。言いたいことを日本語で考えて、それをフランス語にするのではなく、フランス語でよく使われる表現に言いたいことをあわせていく練習にもなると思います。毎日書くことによって自分のものになれば、会話で「週末はどうしてたの？」なんて聞かれても、びっくりするぐらい自然にすらすらと答えられるでしょう。

> ～して過ごした
> 〈passer ＋期間＋ à ＋不定詞〉

「今日は～をして過ごした」「午前中は～をして過ごした」は、一日の記録としての日記の文体の定番です。不定詞（動詞の原形）は「～すること」と、名詞のように考えましょう。

- 午前中、家事をして過ごした。
    J'*ai passé* la matinée *à* faire le ménage.
- 夜は静かに読書をして過ごした。
    J'*ai passé* la soirée *à* lire tranquillement.
- 週末は日曜大工をして過ごした。
    J'*ai passé* le week-end *à* faire du bricolage.
- パーティーの支度をするのに（昨日の）午後中かかった。
    J'*ai passé* tout l'après-midi (d'hier) *à* préparer la soirée.
- 日曜の昼間をゲームをして過ごしてしまった。
    J'*ai passé* toute la journée du dimanche inutilement *à* jouer à un jeu vidéo.

最後の例は J'ai perdu tout mon dimanche à jouer à un jeu vidéo. と書くこともできます。文字通り「失った」わけですね。

=== *petit rappel* ===
「朝」「昼」「夜」を表す le matin / la matinée, le jour / la journée, le soir / la soirée は、どちらでもいいときもありますが、女性名詞のほうは、その時間が続いている間を指します。

 一日の仕事 *une journée* de travail
 美しい夏の夕べ *une* belle *soirée* d'été

〈期間〉の部分に son temps（自分の時間）を入れると、「自分の時間 / 余暇を〜して過ごす」の意味になります。

- ゲンズブールを聴いて過ごした。
    J'*ai passé* mon temps *à* écouter Gainsbourg.
- 時間の大半を家事をして過ごした（家事で自分の時間の大半がつぶれた）。
    J'*ai passé* la plupart de mon temps *à* faire le ménage.
- 母は韓流ドラマを見て時を過ごしている。
    Maman *passe* son temps *à* regarder des feuilletons coréens.
- 隣の若い子はずっと何もしないでいる。
    Mon voisin adolescent *passe* son temps *à* ne rien faire.

passer の他に consacrer も使えますが、passer が単に「過ごす」という色のない表現である一方、consacrer「捧げる」では、動詞そのものの意味によるニュアンスの違いがでてきます。à の後には名詞も可能です。

- 夜を洗濯物のアイロンかけに費やした。
    J'*ai consacré* ma soirée *à* repasser mon linge.
- 私は若い時代を子供を育てて過ごした。
    J'*ai consacré* ma jeunesse *à* élever mes enfants.
- 彼は人生を文学に捧げた。
    Il *a consacré* sa vie *à* la littérature.
- 彼女は青春時代のすべてをピアノに捧げている。
    Elle *consacre* toute sa jeunesse *au* piano.
- 彼は自由になる時間のすべてをフィギュアのコレクションに捧げている。
    Il *consacre* tout son temps libre *à* la collection de figurines.

～をするのに…かかった
〈mettre＋期間＋à / pour...〉

p.62のpasserを使う表現と似ていますが、単に「過ごす」「過ぎていく」より積極的な感じです。à / pourの後には不定詞を続けます。

▶ この本を読み終えるのに１週間かかった。
　　J'*ai mis* huit jours *à* finir ce livre.
▶ 鈴木さんの家に行くのに１時間半かかった。
　　J'*ai mis* une heure et demie *pour* aller chez les Suzuki.
▶ レポートを仕上げるのにさらに２時間以上かかった。
　　J'*ai mis* encore plus de deux heures *pour* finir mon rapport.
▶ この仕事は終えるのに時間がかかりそうだ。
　　Je *mettrai* longtemps *à* terminer ce travail.

ne... queを使うと「…しかかからない」という限定した表現ができます。

▶ 東京から仙台まで新幹線で２時間しかかからない。
　　Le Shinkansen (Le TGV japonais) **ne** *met* **que** deux heures *pour* aller de Tokyo à Sendai.
▶ 彼女は家事に３０分しかかけない。
　　Elle **n'***a mis* **qu'**une demi-heure *pour* faire le ménage.

═══*petit rappel*═══
「１週間」というとune semaineですが、１週間をhuit jours, ２週間をquinze joursという表現も非常によく使われます。前置詞dansを使った次のような文では、quinze joursのほうが頻出だと思います。
　２週間後には私は２０歳になる。　　Dans *quinze jours*, j'aurai vingt ans.

～して…たった / …ぶりに～した
〈il y a ＋期間＋ que...〉〈ça fait ＋期間＋ que...〉

Il y a longtemps *que* je t'aime, jamais je ne t'oublierai.

　　　　　　　　　　　ずっと君を愛している、決して君を忘れないだろう。

これは*À la claire fontaine*『澄んだ泉に』という昔からある歌の有名なリフレインです。2008年には映画のタイトルにも使われました。il y aの後に〈期間〉を入れて「que以下のことをして…になる」という表現です。

▶ パリに来てから１週間になる。
　　Il y a huit jours *que* je suis arrivé(e) à Paris.
▶ ずいぶん長いことまともな食事を作らなかった。
　　Il y a longtemps *que* je n'avais pas préparé un repas avec autant de soin.
▶ 久しく（どれくらいかわからないくらい）高校の先生に会っていない。
　　Il y a je ne sais combien de temps *que* je n'ai pas revu mon prof de lycée.

ça fait... を使って言うこともできます。

▶ フランス語を始めてから半年になる。
　　Ça fait six mois *que* j'apprends le français.
▶ ひとり暮らしを始めてひと月になる。
　　Ça fait un mois *que* je vis seul(e) sans mes parents.
▶ この会社に勤めてもう４年になる。
　　Ça fait déjà quatre ans *que* je travaille dans cette entreprise.

～するのに忙しかった 〈être occupé(e) à...〉

何かに専念していたことを表す言い方で、しかもそれに文句を言う形の表現です。à のあとは名詞も不定詞も可能です。何らかの時間の長さを示す表現と一緒に使うといいでしょう。occupé は主語の性数に一致します。

- まるまる１週間、庭仕事で忙しかった。
  J'*ai été occupé(e) au* jardin toute une semaine.
- 土曜日は試験のために復習するのに忙しかった。
  Samedi, j'*ai été occupé(e) à* réviser pour mes examens.
- 夜ずっと、旅の支度に忙しかった。
  J'*ai été occupé(e) à* la préparation du voyage toute la soirée.
- 今週はずっと、私は物置を片付けるのに忙しかった。
  Toute la semaine, j'*ai été occupé(e) à* ranger mon débarras.
- 私は一日中、採点に忙しかった。
  Toute la journée, j'*ai été occupé(e) à* faire la correction des copies.
- 夏休みの最初、子供たちは宿題に忙しかった。
  Pendant tout le début des vacances, les enfants **ont été occupés** *à* faire leurs devoirs.

=====*petit rappel*=====
toute la journée は「その日の昼間一日」、toute une journée は「丸一日分の長さ」を示します。

> ✎ ～する時間がなかった
> 〈ne pas avoir le temps de...〉

日記でよく使う「(私は)～する時間がなかった」「(私は)～する暇がなかった」は、複合過去で〈Je n'ai pas eu le temps de ＋不定詞〉です。

- 不意を突かれて、まともに反応する暇がなかった。
    Surpris(e), je *n'ai pas eu le temps de* réagir.
- ミシェルに私の到着を知らせる余裕がなかった。
    Je *n'ai pas eu le temps de* prévenir Michel de mon arrivée.
- テキストを予習する時間がなかった。
    Je *n'ai pas eu le temps de* préparer le texte.
- 朝ご飯を食べる時間がなかった。
    Je *n'ai pas eu le temps de* prendre le petit déjeuner.
- お化粧する暇がなかった。
    Je *n'ai pas eu le temps de* me maquiller.
- 前もって打ち合わせする暇がなかった。
    On *n'a pas eu le temps d'*en discuter au préalable.

　　　　　　　　　　　　　　＊「前もって」はavantも可能。

- 明日は子供たちの面倒を見る時間はないだろう。
    Demain, je *n'aurai pas le temps de* m'occuper des enfants.
- 明日は美容院に行く時間はないだろう。
    Demain, je *n'aurai pas le temps d'*aller chez mon coiffeur.

肯定形も可能です。
- 午後、ギリギリお金を下ろしにいく時間があった。
    Cet après-midi, j'*ai eu juste le temps d'*aller chercher de l'argent.

もう少しで〜するところだった
〈faillir + 不定詞〉

現実にはそうならなかったけれど、危うくなりかけるところだったことを表すときの表現です。動詞はfaillirで、完了している事実なので複合過去を使います。

▶ もう少しで福岡行きの列車に乗り遅れそうになった。
　　J'*ai failli* manquer mon train pour Fukuoka.
▶ 今日、危うく階段から落ちるところだった。
　　J'*ai failli* tomber dans l'escalier aujourd'hui.
▶ 遅刻しそうになった。
　　J'*ai failli* arriver en retard.
▶ 危うく結婚記念日を忘れるところだった。
　　J'*ai failli* oublier l'anniversaire de notre mariage.
▶ 姪っ子は近所の川で危うく溺れるところだった。
　　Ma nièce *a failli* se noyer dans la rivière voisine.
▶ 彼らは今日のサッカーの試合で危うく負けるところだった。
　　Aujourd'hui, ils *ont failli* perdre le match de foot.

J'ai failli tomber dans l'escalier aujourd'hui.

〜せずにはいられない
〈ne (pas) pouvoir s'empêcher de...〉

empêcherは「邪魔する」「妨げる」という意味の動詞で、代名動詞 s'empêcherは「我慢する」「やらずにおく」です。それを否定形の〈je ne peux (pas) m'empêcher de ＋不定詞〉にして、「どうしても我慢できない＝〜せずにいられない」となります。

▶ 彼を愛さずにいられない。
　　Je *ne peux pas m'empêcher de* l'aimer.
▶ 年がら年中あの子のことを考えてしまう。
　　Je *ne peux m'empêcher de* penser tout le temps à ce garçon.
▶ 頭の中であのリフレインを歌わずにいられない。
　　Je *ne peux m'empêcher de* fredonner sans cesse ce refrain.
▶ どうしても我慢できなくて、チョコレートを1枚丸ごと食べてしまう。
　　Je *ne peux pas m'empêcher de* finir toute la tablette de chocolat.

過去形なら――

▶ 彼にこの意見を言わずにいられなかった。
　　Je *n'ai pas pu m'empêcher de* lui donner mon avis.
▶ 授業の間に、居眠りをしてしまった。
　　Pendant le cours, je *n'ai pas pu m'empêcher de* dormir.
▶ 吹き出さずにいられなかった。
　　Je *n'ai pas pu m'empêcher de* pouffer de rire.
▶ この知らせを聞いて、彼は泣かずにいられなかった。
　　À cette nouvelle, il *n'a pas pu s'empêcher de* pleurer.

> 感情を表す表現パターン（1）
> 〈être＋形容詞＋de...〉

「嬉しかった」「悲しかった」「びっくりした」「ほっとした」などは、気持ち・感情を表す形容詞を使って〈être＋形容詞＋de＋名詞／不定詞〉で表現することができます。形容詞は主語の性数に一致させます。主文が話者の感情なので、その後に文を入れる場合は〈être＋形容詞＋que＋接続法〉になります（例文の接続法の部分には下線を引いてあります）。

■ 〜で嬉しい ① 〈être heureux(se) de...〉
視点を時間のどこに置いているかによって、2通りの表し方が考えられます。主文（jeから始まる部分）とde以下の時間の関係です。

　1) Je *suis heureux(se) de* l'avoir vue. 彼女に会えたのが嬉しい。
　2) J'*ai été heureux(se) de* la voir.　彼女に会えて嬉しかった。

1)の現在形は1日を振り返って「彼女に会えたことを（現在）嬉しく思っている」、2)の複合過去は「彼女に会った（過去）」とき、わー！と「その時点で嬉しかった（過去）」です。どちらで書いてもいいと思います。

▶ 来週、ひなこに会えて嬉しい。
　　Je *suis heureux(se) de* revoir Hinako la semaine prochaine.
▶ 友だちのマドレーヌが夏休みにうちに来てくれるのが嬉しい。
　　Je *suis heureux(se) de* recevoir Madeleine chez moi pendant les grandes vacances.
▶ 犬のぴなが元気で嬉しい。
　　Je *suis heureux(se) de* voir mon chien Pina en bonne santé.
▶ クロードのメールを受け取って嬉しい。
　　Je *suis heureux(se) d'*avoir reçu un mél de Claude.
▶ 彼が無事とわかって嬉しかった。
　　J'*ai été heureux(se) de* savoir qu'il était sain et sauf.
▶ 私もまだ役立ったとわかって嬉しい。
　　Je *suis heureux(se) de* savoir qu'au moins j'ai été utile.

▶ 上司に企画書をほめられて嬉しかった。
　　Je *suis heureux(se)* que mon chef m'ait félicité(e) pour mon projet de travail.

===*petit rappel*===
気持ちや感情を表す形容詞のあとにqueを介して文を入れる場合は、que以下は話者の感情を表す接続法になります。接続法は文法の本では終わりの方に出てきますが、難しいからというわけではありません。-er動詞の接続法は、je, tu, il, ilsは直説法現在形と同じで、nous, vousは半過去と同じ。そして、よく使われる不規則動詞は、pouvoir (je puisse), faire (je fasse), être (je sois), aller (j'aille) など、比較的限られています。これらの動詞をまず押さえて、それから徐々に増やしていきましょう。

■ 〜で嬉しい ② 〈être content(e) de...〉

▶ 彼に会えて嬉しい。
　　Je *suis content(e) de* l'avoir rencontré.
　　　　＊「彼女に会えて」ならrencontréeとl' (la) に性数一致します。

▶ 彼女と知り合えて嬉しい。
　　Je *suis content(e) de* la connaître.

▶ 彼(女)の声が聞けて嬉しかった。
　　J'*ai été content(e) d'*entendre sa voix.

▶ 試験の結果に満足している。
　　Je *suis content(e) du* résultat de mes examens.

▶ チームが到達したレベルに満足している。
　　Je *suis content(e) du* niveau atteint par notre équipe.

▶ 新しいカメラを手に入れてすごく満足している。
　　Je *suis* très *content(e) d'*avoir acheté un nouvel appareil.

▶ 彼から便りが来て嬉しい。
　　Je *suis content(e) d'*avoir de ses nouvelles.

▶ 彼が日本に来年来てくれて嬉しい。
　　Je *suis content(e)* qu'il <u>vienne</u> au Japon l'année prochaine.

■ 〜でほっとする　〈être soulagé(e) de...〉
▶ 彼の返事が来てほっとしている。
　　Je *suis soulagé(e) d'*avoir eu sa réponse.
▶ 彼のリアクションに胸をなでおろした。
　　J'*ai été soulagé(e) de* sa réaction.
▶ 試験が終わってほっとした。
　　Je *suis soulagé(e)* que les examens <u>soient finis</u>.
▶ 父が良くなって安心した。
　　Je *suis soulagé(e)* que papa <u>aille</u> mieux.
▶ 彼の事故が大したことなくてほっとした。
　　Je *suis soulagé(e)* que son accident n'<u>ait</u> pas <u>été</u> si grave.
▶ 息子が入学試験に合格してほっとした。
　　Je *suis soulagé(e)* que mon fils <u>ait réussi</u> au concours d'entrée.

■ 〜でびっくりする　〈être étonné(e) de...〉
驚いている状態を表す表現で一番普通に使うのはétonné(e)です。
▶ 彼の態度には驚いた。
　　J'*ai été étonné(e) de* son attitude.
▶ 暴動を前にした警官たちの冷静さに驚いた。
　　Je *suis étonné(e) de* voir le calme des policiers devant l'émeute.
▶ 彼が仕事を変えたのにはみんなびっくりしている。
　　Tout le monde *a été étonné* qu'il <u>ait changé</u> de travail.
　　= Tout le monde *a été étonné de* voir qu'il a changé de travail.
驚きの表現にはstupéfait(e)もあります。stupéfait(e)は、あっけにとられた、お口あんぐりの状態で、普通はよい意味には使いません。
▶ 若者の人のことを考えない図々しい振る舞いに驚いている。
　　Je *suis stupéfait(e) du* sans-gêne de certains jeunes.

▸ 母がやったことにあっけにとられた。
　　J'*ai été stupéfait(e) de* ce que ma mère a fait.

■ ～でがっかりする　〈*être déçu(e) de...*〉
▸ 彼の返事にがっかりした。
　　J'*ai été déçu(e) de* sa réponse.
▸ 彼から便りがなくてがっかりしている。
　　Je *suis déçu(e) de* ne pas avoir de ses nouvelles.
▸ 彼は絵理がパーティーに来なくてがっかりしている。
　　Il *est déçu* qu'Eri ne soit pas venue à la soirée.

■ ～したくてたまらない　〈*être impatient(e) de...*〉
p.74の〈avoir hâte de...〉に近い表現です。
▸ どこかに行きたくてうずうずしている。
　　Je *suis impatient(e) de* partir d'ici.
▸ 早く彼女に会いたい。
　　Je *suis impatient(e) de* la voir.
　　　　＊会いたい相手をte, vousにして手紙の終わりなどにも使われます。

■ ～で狂ったようになる　〈*être fou [folle] de...*〉
▸ 驚喜した。
　　J'*ai été fou [folle] de* joie.
▸ こんな状態で（調子悪いのに）出かけるなんてどうかしていた。
　　J'*ai été fou [folle] de* sortir dans un état pareil.

■ ～に恐縮する　〈*être confus(e) de...*〉
▸ 彼の親切に恐縮した。
　　J'*ai été confus(e) de* sa gentillesse.

感情を表す表現パターン（2）〈avoir＋名詞＋de...〉

「〜したい」「〜が必要だ」「〜が怖い」などは、気持ち・感情を表す名詞を使った〈avoir＋名詞＋de＋名詞／不定詞〉で表現することができます。名詞は慣用的な用法なので無冠詞です。主文が話者の感情なので、その後に文を入れる場合は〈avoir＋名詞＋que＋接続法〉になります（例文の接続法の部分には下線を引いてあります）。

■〜したい 〈avoir envie de...〉
une envieは「欲求」という意味の名詞です。
- ▶ ひとりで暮らしたい。
   J'*ai envie d'*habiter seul(e).
- ▶ 新しいiPhoneを買いたい。
   J'*ai envie d'*acheter un nouvel iPhone.
- ▶ フランス語をブラッシュアップしたい。
   J'*ai envie de* perfectionner mon français.
- ▶ このところ、すごく旅行がしたい気分だ。
   En ce moment, j'*ai* très *envie de* voyager.
- ▶ 月曜は会社に行きたくない。
   Le lundi, je n'*ai* pas *envie d'*aller au bureau.
- ▶ 彼に私と一緒にいて欲しい。
   J'*ai envie* qu'il soit avec moi.

■早く〜したい 〈avoir hâte de...〉
une hâteは「急ぐこと」。de以下には不定詞が来ます。
- ▶ 早くデュランさんの家族に会いたい。
   J'*ai hâte de* voir la famille de M. Durand.
- ▶ 早く手紙が来ないかなあ。
   J'*ai hâte d'*avoir de ses nouvelles.

▶ 彼が出張から帰るのが待ちきれない。
　　J'**avais hâte** qu'il <u>rentre</u> de son voyage d'affaires.
▶ 夏休みが来るのを心待ちにしている。
　　J'**ai hâte** que les grandes vacances <u>arrivent</u>.

■ ～が必要だ　〈avoir besoin de...〉
▶ どうしても新しい靴がいる。
　　J'**ai** absolument **besoin de** nouvelles chaussures.
▶ この困難を乗り越えるには助けが必要だ。
　　J'**ai besoin d'**aide pour surmonter ces difficultés.
▶ フランスに行くのにパスポートが必要だ。
　　J'**ai besoin d'**un passeport pour aller en France.
▶ 夏までにダイエットをする必要がある。
　　J'**ai besoin de** faire un régime avant l'été.
▶ 税金の申告に税務署に行く必要がある。
　　J'**ai besoin d'**aller au centre des impôts pour les déclarer.
▶ 彼が来る必要を感じない。
　　Je n'**ai** pas **besoin** qu'il <u>vienne</u>.

■ ～が怖い / ～ではないかと心配する　〈avoir peur de...〉
▶ 夜ひとりでいるのが怖い。
　　J'**ai peur d'**être seul(e) la nuit.
▶ 歯医者に行くのが怖い。
　　J'**ai peur d'**aller chez le dentiste.
▶ 試験に失敗したのじゃないかと思う。
　　J'**ai peur d'**avoir raté l'examen.
▶ 明日、雨が降るのじゃないかと心配だ。
　　J'**ai** bien **peur** qu'il ne <u>pleuve</u> demain.　　＊bienをつけて強調しています。
▶ 母は、私が事故に遭ったのじゃないかとすごく心配していた。
　　Ma mère **avait** bien **peur** que je n'aie eu un accident.　　＊虚辞のne。

> ～で嬉しい
> 〈ça me fait plaisir de...〉

嬉しかった気持ちを表す表現です。deの後ろに嬉しかった要因を入れ、「〈de＋不定詞〉のことが私を喜ばせる＝～で嬉しい」となります。

- 佳奈、あなたにまた会えて嬉しい。
 Ça me fait plaisir de te revoir, Kana.
- 彼からの近況は、いつだってすごく嬉しい。
 Ça me fait toujours grand *plaisir d'*avoir de ses nouvelles.
 ＊「彼の近況」はnouvelle（ニュース）を複数にしたses nouvellesに、部分を表すdeをつけます。近況を全部聞けるわけではないからです。
- 焼き物のクラスに行くのは楽しい。
 *Ça me fait plaisir d'*aller à l'atelier de poterie.
- おもしろい人たちに会えて嬉しかった。
 Ça m'a fait plaisir de rencontrer des gens intéressants.

meを入れないと、「一般的に」そうであることを表します。

- それはいつだって（誰にでも）喜ばれる。
 Ça fait toujours *plaisir*.
- 時々友だちと食事ができるのは嬉しいものだ。
 Ça fait plaisir de dîner avec des amis de temps en temps.

間接目的語に人を入れると、「～を喜ばせる」になります。

- 子供たちはディズニーランドに行くのはいつだって大喜びだ。
 Ça fait toujours *plaisir* à mes enfants d'aller à Disneyland.

逆もあります。〈Ça me fait mal de＋不定詞〉で、「～がつらい」という表現です。

- あの犬があんなに不幸せなのを見るのはつらい。
 Ça me fait mal de voir ce chien si malheureux.

～を楽しみにする
〈attendre avec impatience de...〉

「～を楽しみにする」「首を長くして待つ」という表現です。後ろに文が来るときは〈attendre avec impatience que＋直説法〉の形で用います。p.74の〈avoir hâte de...〉と同じような状況で使えますが、impatienceによってわくわくする感じがより強く出ます。

▶ 彼が来るのを首を長くして待っている。
　 J'*attends* son arrivée *avec impatience*.
▶ 私は卒業するのが楽しみだ。
　 J'*attends* la fin de mes études *avec impatience*.
▶ 私は宝くじの結果を楽しみに待っている。
　 J'*attends avec impatience* le résultat du Loto.
▶ 両親は首を長くして私の入試の結果を待っている。
　 Mes parents *attendent avec impatience* le résultat de mes concours d'entrée.
▶ うちの犬はいつもエサを楽しみにしている。
　 Mon petit chien *attend* toujours sa pâté [ses croquettes] *avec impatience*.
▶ 彼が帰ってくるのを待ちわびている。
　 J'*attends* le retour de mon amour *avec impatience*.
▶ 彼は20歳になるのを待ちわびていた。
　 Il *attendait avec impatience d'*avoir vingt ans.
▶ 早く運転免許が来ないかなあ。
　 J'*attends avec impatience d'*avoir mon permis de conduire.
▶ 〔手紙の終わりなどに〕またあなたに会えるのを楽しみにしています。
　 J'*attends avec impatience de* vous revoir.
▶ 私は彼女がこちらを向いてくれるのを待ちわびていた。
　 J'*attendais avec impatience* qu'elle se tourne vers moi.

～なのは残念だ
〈c'est dommage que...〉

残念な気持ちを dommage を使って表します。話者の感情を表すので、que の後は接続法をとります。強調するときには c'est と dommage の間に bien, vraiment などを入れます。c'est dommage の代わりに je regrette も同様に使えます。

- 彼女が来ないのは残念だ。
    *C'est dommage qu'*elle ne vienne pas.
- 彼女が来なかったのは残念だ。
    *C'est dommage qu'*elle ne soit pas venue.
- 彼が辞職したのは残念だ。
    *C'est dommage qu'*il ait donné sa démission.

- 彼がこんなに早く出発したなんて残念だ。
    *Je regrette qu'*il soit parti si tôt.
- 彼が何も理解していないのは残念だ。
    *Je regrette qu'*il n'ait rien compris.

=*petit rappel*=

和仏辞典で「残念」を引くと、désolé(e) が出てきます。

　お供できずに残念です。
　　　Je *suis désolé de* ne pas pouvoir vous accompagner.
　ミスしてすみません。
　　　Je *suis désolé de* cette erreur.

これはまさに「あなた」に対して「すみません」のニュアンスを込めて言うもの、つまり、désolé(e) は相手がいるときに使うことが多いのです。ただ「残念」に思うときには C'est dommage... を使います。

恐らく〜だ / 多分〜だ
〈probablement / sans doute / peut-être〉

「多分」を辞書で引くと、probablement, sans doute, peut-êtreが出てきます。probablementとsans douteは若干の程度の違いで、probablementのほうがより現実味がありますが、peut-êtreは少し毛色が違います。

私が学生の時、フランス人の先生がこんな説明をしてくれました。たとえば山手線や中央線みたいに定期的に電車が来るような場合に、「ひとつ行っちゃったけど、また多分すぐ来るよ」と言いたいときにはpeut-êtreは使えない。なぜかというと、次の電車は「来る可能性がある」のではなく、「必ず来る」からね、と。つまり、こんな違いです。

probablement	：可能性のギリギリまで確か
sans doute	：ほとんど確信に近い
peut-être	：可能性があることを示すだけ

▶ 彼は恐らく私に会うのを拒否するだろう。
　　Il va **probablement** refuser de me voir.
▶ 彼は多分この週末、両親に会いに行くだろう。
　　Il va **sans doute** aller voir ses parents ce week-end.
▶ 恐らく扉がちゃんと閉められていなかったんだ。
　　La porte était **sans doute** mal fermée.
▶ 男って多分、みんなこうなのだ。
　　Les hommes sont **peut-être** tous comme ça.
▶ 彼は多分、私のためにできていないのだ。
　　Il n'est **peut-être** pas fait pour moi.

peut-être, sans douteを文頭におくと、queを介して文を続けます。

▶ 結局のところ、彼は多分まだ私を愛しているのだ。
　　Peut-être qu'il m'aime encore, après tout.

〜のようだ / 〜のように見える
〈avoir l'air... 〉

実際はわからないけれど、見た目はそう見える、あるいはそういう雰囲気だというようなときに使います。〈avoir l'air ＋形容詞〉で、形容詞は基本的に主語の性数に一致します。

▶ この桃は熟しているみたいだ。
　　Ces pêches *ont l'air* mûres.
▶ 彼らは疲れているようだった。
　　Ils *avaient l'air* fatigués.
▶ 彼女はびっくりした様子だった。
　　Elle *avait l'air* étonnée.
▶ 彼女は自分に満足しているみたいだった。
　　Elle *avait l'air* contente d'elle-même.
▶ 彼は小さな子供みたいな様子をしている。
　　Il *a l'air* d'un petit enfant.

avoir l'airのあとにdeを入れて、不定詞にすることもできます。
▶ 彼女はすぐに席を立ち去りたがっている感じだ。
　　Elle *a l'air de* vouloir s'en aller tout de suite.
▶ 友だちは退屈しているみたいだった。
　　Mes amis *avaient l'air de* s'ennuyer.

否定形にもできます。
▶ そうは見えないけれど、その政治家はいい人だ。
　　Il **n'en*** ***a pas l'air***, mais ce politicien est quelqu'un de bien.
　　＊enはavoir l'air de...のde...を言い換えたもので、この場合は後の文の内容を指しています。

この表現が便利さを発揮するのは、なんと言っても主語がça になったときです。ça は,「それ」と、その場に共通な認識を何でも指すことができるからです。会話はもちろん、日記では感想を書くのに使えます。日記の場合は過去が多いでしょうか。〈ça avait l'air ＋形容詞〉あるいは〈ça avait l'air de ＋不定詞〉となります。

▶ おもしろそうだった。
　　Ça avait l'air intéressant.
▶ おいしそうだった。
　　Ça avait l'air bon.
▶ うまくいきそうだった。
　　Ça avait l'air de marcher !
▶ えらく面倒くさそうだった。
　　Ça avait l'air bien compliqué.
▶ 何でもなさそうだけど、実は、すごく難しかった。
　　Ça n'*avait l'air de* rien, mais en fait, c'était très difficile.
▶ 私にはかなり簡単そうに見えた。
　　Ça m'*avait l'air* assez facile.

Ça n'avait l'air de rien,
mais en fait, c'était très difficile.

～すればよかった
〈J'aurais voulu.../J'aurais dû.../J'aurais pu〉

後悔先に立たずじゃありませんが、こうしたらよかった、ああしたらよかった、ああ言えばよかった、こう言えばよかった、というような、過去において実現しなかった願望や過去の行為に対する後悔の表現です。非現実を表す時制である条件法過去を用います。
次の3つは条件法過去の用法の中でもっともよく使われる表現です。

J'aurais voulu...	～したかったのに（しなかった）
J'aurais dû...	～すべきだったのに（しなかった）
J'aurais pu...	～することもできたのに（しなかった）

どれも「～すればよかった」と訳せますが、vouloir（～したい）、devoir（～すべき）、pouvoir（～できる）の動詞のニュアンスの違いがあります。

▶ 田舎に住みたかったのに（実際はしなかった / 以下同じ）
　　J'aurais voulu habiter à la campagne.
▶ そこに、彼と一緒にいたかったのに。
　　J'aurais voulu être là, avec lui.
▶ みんなと一緒に行きたかったなあ。
　　J'aurais voulu partir avec eux.

▶ もっと注意すればよかった。
　　J'aurais dû faire plus attention.
▶ もっと早くこの仕事に取りかかるべきだった。
　　J'aurais dû attaquer ce travail plus tôt.
▶ 彼の忠告を受け入れるべきだった。
　　J'aurais dû suivre son conseil.

▶ 彼が来る前にうちを片付けておくべきだった。
　　J'aurais dû ranger chez moi avant son arrivée.

▶ ほんとのことを言ってもよかったのだけどね。
　　J'aurais pu dire la vérité.
▶ あの子にもっと優しくできたのに。
　　J'aurais pu être plus gentil(le) avec elle.
▶ 誰かに道を聞けばよかった。
　　J'aurais pu demander le chemin à quelqu'un.

否定文では過去にしてしまった行為を後悔する表現になります。
▶ あんなこと言わなければよかった。
　　Je *n'aurais pas dû* le dire.
▶ こんなに無駄遣いするんじゃなかった。
　　Je *n'aurais pas dû* dépenser autant d'argent.
▶ 彼女とけんかしなきゃよかった。
　　Je *n'aurais pas dû* me disputer avec elle.

tu で書いて、「あんたはねぇ」と自分自身に対して後悔を促す文にもできます。
▶ 彼にもっと優しくすべきだったのに。
　　Tu aurais dû être plus gentil(le) avec lui.
▶ あんなに彼にきつくしなければよかったのに。
　　Tu n'aurais pas dû être aussi sévère avec lui.

また〈J'aurais mieux fait de ＋不定詞〉でも、後悔の表現になります。否定の場合は、de以下の不定詞の前に ne と pas をまとめて入れます。
▶ みんなと一緒に行けばよかった。
　　J'aurais mieux fait de partir avec les autres.
▶ 彼の言うことなんか聞かなきゃよかった。
　　J'aurais mieux fait de ne pas l'écouter.

> 思っていたより〜だ
> 〈plus / moins + 形容詞 + que je ne (le) pensais〉

人、もの、あるいは事態が、予想と比べてどうだったかを伝える表現です。比較を表す plus, moins と一緒に使います。que je ne pensais の ne は、ぼんやりと否定の観念を反映する「虚辞の ne」と呼ばれるもので、比較のあとによく使われます。意味自体は「思っていたよりも」という否定になってはいませんが、心の中の（そんなふうには思っていなかった）を反映しているのです。que je ne le pensais の le は入れても入れなくても OK です。入れると多少改まった感じになります。

▶ この靴は思っていたより履き心地がいい。
　　Ces chaussures sont *plus* confortables *que je ne pensais.*
▶ この番組は思っていたよりおもしろい。
　　Cette émission est *plus* intéressante *que je ne pensais.*
▶ 試験は思っていたより易しかった。
　　L'examen était *plus* facile *que je ne pensais.*
▶ マサトは思っていたよりうまく歌う。
　　Masato chante *mieux que je ne pensais.*
▶ そのレストランは思っていたより安かった。
　　Ce restaurant est *moins* cher *que je ne pensais.*
▶ このお菓子は思ったよりおいしい。
　　Ce gâteau est *meilleur que je ne pensais.*
▶ 新しい先生は思っていたより厳しい。
　　Le nouveau professeur est *moins* gentil *que je ne pensais.*
▶ このカメラは思っていたより性能がいい。
　　Cet appareil est *plus* performant *que je ne pensais.*

=*petit rappel*=
bon と bien の優等比較は meilleur, mieux です。

思っていたほど～でない
〈ne pas être aussi ＋ 形容詞 ＋ que je ne (le) pensais〉

左ページの否定の表現です。主文が「～でない」と否定になり、aussiと一緒に使います。

▶ 試験は思ったほど難しくない。
　　L'examen *n'est pas aussi* difficile *que je ne pensais.*
▶ 隣の人は思っていたほど若くない。
　　Ma voisine *n'est pas aussi* jeune *que je ne pensais.*
▶ お湯は思ったほど熱くなかった。
　　L'eau *n'était pas aussi* chaude *que je ne pensais.*

～に違いない／～なはずだ
〈devoir ＋不定詞〉

devoirは「～しなければならない」の他に、可能性や推定の中でも確率の高いことを表現することができます。

▶ あれはほんとに違いない。
　　Ça *doit* être vrai.
▶ 今日は暑いに違いない。
　　Il *doit* faire chaud aujourd'hui.
▶ 問題の列車は時速150キロを越えていたに違いない。
　　Le train en question *devait* rouler à plus de 150 km/h［à l'heure］.
▶ 彼は今頃到着しているはずだ。
　　Il *doit* être arrivé maintenant.
▶ 彼女はまちがえたに違いない。
　　Elle *a dû* se tromper.

～と確信している
〈 Je suis sûr(e) de/que... 〉

sûr(e)以外に、certain(e), persuadé(e), convaincu(e)も使えます。
英語のsureとcertainでは、sureのほうがより主観的・感情的、certainはより客観的のようですが、フランス語ではこの2つの差はわずかで、強いていえばそういうニュアンスがあるくらいのところです。
また、persuader（納得する）、convaincre（説得する）の過去分詞を使った場合は、外部からの圧力を感じさせます。

▶ きっとやれる。
　　*Je suis sûr(e) d'*y arriver.
▶ 彼はきっと忘れたんだ。
　　*Je suis sûr(e) qu'*il a oublié.
▶ ほら、やっぱり、きっとそうだと思った。
　　Ça y est, *j'en étais sûr(e)*.
▶ 彼は私を信じてくれないだろうと思う。
　　*Je suis certain(e) qu'*il ne me croira pas.
▶ 神は絶対存在している
　　Je suis persuadé(e) que Dieu existe.
▶ 彼は悪気はないと思う。
　　Je suis persuadé(e) de son innocence.
▶ 彼は悪い人じゃないと思う。
　　*Je suis convaincu(e) qu'*il n'est pas méchant.
▶ 私たちのコラボがこの素晴らしい結果に貢献したのは間違いない。
　　Je suis convaincu(e) que notre collaboration a contribué à ce résultat extraordinaire.

〜だろうか / 〜かなぁ
〈Je me demande...〉

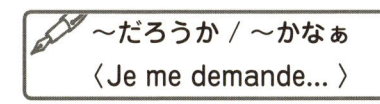

自問するときには、文字通り自分に尋ねます。〈Je me demande...〉のあとに続く自問している内容は、est-ce que で聞く疑問文なら si でつなげます。quand（いつ）、où（どこで）、comment（どうやって）、pourquoi（なぜ）、combien（どのくらい）などの疑問詞の場合は、そのまま続けます。qui（誰が）は ce qui、que（何を）は ce que、前置詞がついた疑問詞は avec qui のように〈前置詞＋疑問詞〉で続けます。

▶ それがほんとのプロの仕事かと思う。
　　Je me demande si c'est vraiment du travail de professionnel.
▶ 彼はコンパに来るかしら。
　　Je me demande s'il viendra à la soirée.
▶ この映画がいつ終わるかと思う。
　　Je me demande quand finira＊ ce film.

＊finir は目的語をとらない自動詞なので、口調によって主語を動詞と倒置しても、意味を誤解されることはありません。

▶ 彼女はどこであのスーツを見つけたのだろう。
　　Je me demande où elle a trouvé ce tailleur.
▶ どうやって彼はあれをできたのだろう。
　　Je me demande comment il est arrivé à le faire.
▶ 先生はなぜ私にあの質問をしたのだろう。
　　Je me demande pourquoi mon professeur m'a posé cette question.
▶ どうしてあの就職面接に失敗したのだろう。
　　Je me demande pour quelle raison j'ai raté cet entretien d'embauche.
▶ 私が留守の間、私の犬は何をしているのだろう。
　　Je me demande ce que mon petit chien fait pendant mon absence.

〈Je me demande...〉の部分を〈Je ne sais pas...〉で置き換えれば、「〜かどうか分からない/知らない」という文も作れます。

> なんて〜なんだろう！
> 〈Comme... !〉〈Que... !〉〈Quel ＋名詞 !〉

感動したとき、驚いたときに使う、いわゆる感嘆文です。〈Comme ＋文！〉あるいは〈Que ＋文!〉の形を用います。Comme のほうが Que より少し上品です。
話し言葉では Que の代わりに〈Qu'est-ce que... !〉も使えます。

- 今日はなんていい天気だったんだ！
    Comme il a fait beau aujourd'hui !
- 彼女はなんてエレガントなんだ！
    Comme elle est élégante !
- この赤ちゃんはなんて可愛いの！
    Comme ce petit bébé est mignon !
- この景色はなんて素晴らしいんだ！
    Comme ce paysage est magnifique !

- なんてきれいなんだ！
    Que c'est beau !
- なんて素晴らしいんだ！
    Que c'est magnifique !
- なんて湿度が高いんだ！
    *Qu'*il fait lourd !
- あの娘には全く我慢ならない
    Que cette fille est pénible !
- 彼はなんてうまくプレーするんだ。
    *Qu'*il joue bien !
- 彼はなんて優しいんだ！
    *Qu'*il est gentil !

感嘆を名詞につけたいときは〈Quel＋名詞！〉の形を用います。Quelは名詞の性数に一致させます。

▶ なんて結果だ！
　　Quel résultat !
▶ なんて無能な先生なんだ！
　　Quel prof nul !
▶ なんて夜だ！
　　Quelle nuit !
▶ なんていい天気なんだ！
　　Quel beau temps !
▶ なんてひどい天気だ！
　　Quel temps de chien＊！
　　　＊フランス語では「ひどい」「下等」といった表現になぜかchien(犬)が使われます。
▶ なんて暑さだ！
　　Quelle chaleur !

口語の罵り言葉のひとつが感嘆文であります。
　Qu'est-ce que c'est que ça !　　こりゃいったいなんなんだ！
いつかパリで、とんでもなくわかのわからない映画を観たとき、灯りがつくと同時に思わずこれをつぶやいたら、どっと笑いと同意のコメントが広がったことがあります。さらに強調するなら、最初にmaisをつけます。
　Mais, qu'est-ce que c'est que ça !

=====petit rappel=====
maisは英語のbutに当たる言葉で、前のことと反対の内容を導入するのに用いられる接続詞ですが、副詞としては強調に用いられます。
　Tu viens demain ? ─ *Mais* oui.　　明日来るかい？ ─もちろんだよ。

> 重要なのは〜だ
> 〈L'important, c'est de ＋不定詞〉

気持ちを表す言葉(＝形容詞転じて名詞)を先に言う強調形です。important(重要なこと)の他に、essentiel(肝心なこと)がよく使われます。L'important est de... がもとの形、L'important, c'est de... が言わば強調形です。

▶ 重要なのは、愛することだ。
　　*L'important, c'est d'*aimer.
▶ 大事なのは、最善を尽くすこと。
　　L'important, c'est de faire de son mieux.
▶ 重要なのは、まず卵を泡立てる前に砂糖を入れないことだ。
　　L'important, c'est de ne pas mettre de sucre avant de battre des œufs.
▶ 大事なのは、試験前にちゃんと復習することだ。
　　L'important, c'est de bien réviser avant l'examen.
▶ 重要なのはあやまることだ。
　　L'essentiel, c'est de s'excuser.
▶ 肝心なのは、まず部長を説得することだ。
　　L'essentiel, c'est de convaincre d'abord le directeur.
▶ 肝心なのは、常に家族との会話を欠かさないことだ。
　　L'essentiel, c'est de ne pas oublier de toujours communiquer avec sa famille.

次はオリンピックに重要な役割を果たした有名なクーベルタン男爵の言葉です。実はクーベルタンもある司教の言葉を引用したようですが。

« *L'important* dans ces Olympiades, *c'est* moins *de* gagner que de participer. »
　　オリンピック競技会で重要なのは、勝つことより参加することだ(勝つことより参加することに意義がある)。

もうすぐ〜だ
〈arriver bientôt〉

「もういくつ寝ると…」ではありませんが、近い未来に何かが起こることを示す表現です。〈 arriver ＋ bientôt 〉でそのニュアンスがでます。

▶ もうすぐ夏休みだ。
　　Les vacances *arrivent bientôt*.
▶ もうすぐ音楽祭だ。
　　La fête de la musique *arrive bientôt*.
▶ もうすぐ学期末だ。
　　La fin du semestre *arrive bientôt*.
▶ もうすぐ給料日（給料の振込日）だ
　　Le versement du salaire *arrive bientôt*.

onを主語にして、未来形とbientôtを組み合わせることもできます。上記の例文はすべてこの表現で言い換えられます。

▶ もうすぐ夏休みだ。
　　On sera bientôt en vacances.
▶ もうすぐ春［夏 / 秋 / 冬］だ。
　　On sera bientôt au printemps [en été / en automne / en hiver] .
▶ もうすぐ学期末だ。
　　On sera bientôt à la fin du semestre.
▶ もうすぐクリスマスだ。
　　On sera bientôt à Noël.
▶ もうすぐ大晦日だ。
　　On sera bientôt à la Saint-Sylvestre.
▶ もうすぐお正月だ。
　　On sera bientôt au jour de l'An.

～するつもりだ 〈aller ＋ 不定詞〉

フランス語の近接未来〈aller ＋ 不定詞〉は、近い未来というよりは、比較的確かな未来というほうが当たっています。「私」が主語になると、意志的な「つもり」のニュアンスが出てきます。

- 美容院に明日の朝の予約をしよう。
  Je *vais* prendre rendez-vous avec mon coiffeur pour demain matin.
- あるものを食べておこう。
  Je *vais* manger ce qu'il y a.
- 来週、フランスに旅立つ予定だ。
  Je *vais* partir pour la France la semaine prochaine.
- 私は成田空港にミシェルを迎えに行くつもりだ。
  Je *vais* aller chercher Michel à l'aéroport de Narita.
- 明日、上野動物園にパンダを見に行こう。
  Demain, je *vais* aller voir les pandas au zoo de Ueno.
- お盆には実家に帰るつもりだ。
  Je *vais* rentrer chez mes parents pour Obon.
- 彼に二度と会うつもりも、彼について話すつもりもない。
  Je ne *vais* plus ni le voir ni parler de lui.
- 部長はここ数日のうちに私たちの運命を決める。
  Le directeur *va* décider de notre sort d'ici quelques jours.
- 『ワンピース』を大人買いしちゃおう。
  Je *vais* m'acheter toute la série de *One Piece*.
- 日曜に、河岸でピクニックをするつもりだ。
  Dimanche, on *va* pique-niquer au bord de la rivière.
- 7月10日に総合健康診断を受ける予定だ。
  Je *vais* avoir un examen médical complet le 10 juillet.

～しようかと思っている
〈avoir l'intention de ＋不定詞〉〈compter ＋不定詞〉

左ページの「～するつもりだ」の〈aller ＋不定詞〉が自分の中で確信があるのに比べて、もう少し意志の力が弱く、行為の実現に関してもう少し慎重な感じの表現です。« J'ai l'intention de faire ce travail. »は、« Je vais faire ce travail.»「この仕事をするつもりだよ」と言われるよりも、行為の実現に関して可能性が低くなってしまうかもしれません。
〈compter ＋不定詞〉は〈avoir ＋ l'intention de ＋不定詞〉よりも日常的によく使われます。

▶ 雑貨屋を開こうかと思っている。
　　J'*ai l'intention d'*ouvrir un bazar.
▶ 車を新しいのに換えようかと考えている。
　　J'*ai l'intention de* changer ma vieille voiture pour une neuve.
▶ 外国人学生の出会いの場を企画しようかと思っている。
　　J'*ai l'intention d'*organiser une rencontre d'étudiants étrangers.
▶ 私たちは、あさって、ジュンの誕生日のお祝い会をしようと考えている。
　　On *a l'intention de* fêter l'anniversaire de Jun après-demain.

▶ 今年の夏はフランスに行こうかと思っている。
　　Je *compte* aller en France cet été.
▶ お母さんと温泉でも行こうかと思う。
　　Je *compte* aller à une station thermale avec maman.
▶ 駅の横のスポーツジムに登録しようと思う。
　　Je *compte* m'inscrire au club de gym à côté de la gare.
▶ ビストロでバイトしようかと思っている。
　　Je *compte* travailler à mi-temps dans un bistrot français.

〜したいな / 〜でありますように / 〜だといいなぁ
〈Je voudrais... 〉〈J'aimerais... 〉〈J'espère... 〉

「〜したい」と願望を表すのは、普通、Je voudrais...です。voudraisと条件法（英語の仮定法にあたる時制）になっているのは、Je veux...だとあたりかまわずそうしたい感じがするからで、フランスでは、「Je veux...と言えるのは王様だけだ」などと言われることもあります。でも、日記の中では思い切り言ってみるのもいいのでは？　自分以外の人やものについての願望は〈Je voudrais que＋接続法〉となります。

▶ もっと学びたい。
　　Je veux apprendre plus de choses.
▶ 絶対彼と話したい。
　　Je veux absolument lui parler.
▶ ほんとのことは知りたくない。
　　Je ne *veux* pas savoir la vérité.
▶ そうしたいのはやまやまだが、あえてそこまでは。
　　Je voudrais bien mais je n'ose pas.
▶ いつか一軒家を買いたいなあ。
　　Je voudrais acheter une maison un jour.
▶ ノルウェーに行きたいなあ。
　　Je voudrais visiter la Norvège.
▶ 書道を習いたい。
　　Je voudrais apprendre le shodô (la calligraphie).
▶ ほんとのこと言って、ゴルフのコンペには参加したくなかった。
　　À vrai dire, *je* ne *voulais* pas participer à la compétition de golf.
▶ 彼に来て欲しいなあ。
　　Je voudrais qu'il vienne.

J'aimerais... は Je veux... / Je voudrais... よりは弱く、実現性も薄くなります。「～だといいのだけれど」くらいのところです。自分以外の人やものについての願望は〈J'aimerais que ＋接続法〉となります。

- いつか外国に行きたいなあ。
    J'aimerais partir un jour à l'étranger.
- お隣さんも地区のお祭りに参加してくれるといいんだけどなあ。
    J'aimerais que le voisin participe à la fête du quartier.
- 課長が休暇願を許可してくれるといいなあ。
    J'aimerais que le directeur accepte ma demande de congé.

J'espère... は現在形ですし、動詞自体の意味も「～したい」という意志よりは「期待する」（英語のhope）ですから、希望的観測の「～だといいなぁ」です。自分以外の人やものについては〈J'espère que ＋直説法〉となります。

- この次はもっとうまく書けるといいんだけどなあ。
    J'espère mieux écrire la prochaine fois.
- 彼の誕生日のためにいいプレゼントが見つかりますように。
    J'espère trouver un beau cadeau pour son anniversaire.
- 日曜日、晴れるといいなあ。
    J'espère qu'il fera beau dimanche.
- 万事好調でありますように。
    J'espère que tout va bien.
- 明日の朝は風邪がよくなりますように。
    J'espère que mon rhume sera fini demain matin.
- 彼らが楽しんでくれたのだといいなあ。
    J'espère qu'ils ont eu beau temps.

もし〜なら、…しよう
〈si ＋現在，近接未来 / 単純未来〉

今現在、もしも条件が満たされれば可能になるであろうことを書きます。si の中に条件、未来形で予定・可能性を示します。

▶ 明日天気なら、ピクニックに行こう。
　　*S'*il fait beau demain, on ira faire un pique-nique.
▶ 天気が回復すれば、週末、海に行こう。
　　Si le temps s'améliore, on va aller au bord de la mer ce week-end.
▶ もしあんまり疲れていなければ、サッカーの試合に参加しよう。
　　Si je ne suis pas trop fatigué(e), je jouerai au match de foot.

もし〜だったら、…なのに
〈si ＋半過去，条件法現在〉

今現在、すでにそうではないけれど、もしそうだったら「〜なのに」という現在の事実に反することを仮定します。siの中に現在の事実と反することを半過去で、また本文に条件法で「〜なのに」「〜かもしれない」という想像する内容を書きます。

▶ 天気がよければ、出かけるのに（実際は天気が悪いので出かけない）。
　　*S'*il faisait beau, on sortirait.
▶ お金持ちなら、森をひとつ買って保護するのに（実際はそんなお金はない）。
　　Si j'étais riche, j'achèterais une forêt pour la protéger.
▶ もし私が彼女だったら、もっといい服を着るのに（実際は彼女ではない）。
　　Si j'étais elle, je m'habillerais mieux.
▶ もしもっと時間があれば、フランス語を習うのだが（実際は忙しくて行けない）。
　　Si j'avais plus de temps, j'apprendrais le français.
▶ もし私が彼の立場なら、もうすこしうまくやるのに（実際は彼ではない）。
　　Si j'étais à sa place, je me comporterais un peu mieux.

もし〜していたら、…だったろうに
〈si＋大過去，条件法過去〉

過去にしなかったことを、もしやっていたら「〜だったのに」と、変わっていたかもしれない状況を書きます。siの中に過去の事実と反することを大過去で、また本文に条件法過去で「〜だったのに」「〜だったかもしれない」と、想像する内容を書きます。

▶ 天気だったら外出していたのに（天気は悪かったので、出かけなかった）。
　　S'il avait fait beau, on serait sorti.
▶ もっと勉強していたら、試験に受かったのに（勉強しなかったので受からなかった）。
　　Si j'avais mieux travaillé, j'aurais réussi mon examen.
▶ もしもっと早く彼に出会っていたら、私が結婚するのは彼だったろうに（実際は出会わなかったので結婚しなかった）。
　　Si je l'avais rencontré plus tôt, c'est lui que j'aurais épousé.
▶ もし今朝雪が降らなかったら、タイヤを替えていたのに（実際は降ったので、替えなかった）。
　　S'il n'avait pas neigé ce matin, j'aurais changé les pneus.
▶ 前の交差点で右に曲がっていたら、このきれいな教会は見つからなかったろう（実際は曲がらなかったので見つけた）。
　　Si on avait tourné à droite au carrefour précédent, on n'aurait pas trouvé cette belle église.
▶ もし情報がなかったら、この機を逃していただろう（実際は情報があったので逃さなかった）。
　　Si on ne m'avait pas donné l'information, j'aurais raté cette occasion.
▶ 天気予報を見なかったら、傘を持ってこなかったろう（実際は天気予報を見たので持ってきた）。
　　Si je n'avais pas consulté la météo, je n'aurais pas pris mon parapluie.

とても〜なので…だ / あまりに〜なので…だ
⟨si... que...⟩

英語の⟨so... that...⟩にあたる構文で、前半で状況を示し、que以下でその結果を表します。⟨si... que...⟩の他、⟨tellement... que...⟩⟨assez... pour...⟩⟨trop... pour...⟩も使えます。

▶ あまりに暑かったので、出かけなかった。
　Il faisait *si* chaud *que* je ne suis pas sorti.
▶ 感動しすぎて一言も発せられなかった。
　J'étais *si* ému(e) *que* je ne pouvais pas parler.

▶ 疲れすぎていて、シャワーも浴びられなかった。
　J'étais *tellement* fatigué(e) *que* je n'ai pas pu prendre une douche.
▶ 一生懸命働いたので、すべてうまくいった。
　On a *tellement* bien travaillé *que* tout s'est très bien passé.
▶ 彼はあまりにいい人なので、みんなに好かれている。
　Il est *tellement* gentil *qu'*il est aimé de tout le monde.

▶ 彼女は成功するだけの頭がある。
　Elle est *assez* intelligente *pour* réussir.
▶ 彼は自分のやっていることがわかるのに十分大人だ〔皮肉っぽい表現〕。
　Il est *assez* grand *pour* savoir ce qu'il fait.

▶ 今日は出かけるには暑すぎた。
　Aujourd'hui, il faisait *trop* chaud *pour* sortir.
▶ 忙しすぎて買い物ができなかった。
　J'ai été *trop* occupé(e) *pour* faire des courses.
▶ 子供たちは興奮しすぎて眠れなかった。
　Les enfants étaient *trop* excités *pour* pouvoir dormir.

▶ この子は観覧車に乗るには小さすぎる。
　　Elle est *trop* petite *pour* monter sur la grande roue.
▶ 彼はあまりに不精で荷物が片付けられない。
　　Il est *trop* paresseux *pour* ranger ses affaires.
▶ あんまり素晴らしすぎて信じられない。
　　C'est *trop* beau *pour* être vrai.
▶ 彼は誠実であるためにはあまりに丁重だ（丁重すぎる人は誠実なはずがない）。
　　Il est *trop* poli *pour* être honnête.

Elle est trop petite pour monter sur la grande roue.

=*petit rappel*=

私たちは散歩するのに十分な時間があった。
　　On avait *assez* de temps *pour* se promener（mais on est resté à la gare）.
　　On a eu *assez* de temps *pour* se promener（et on a fait une promenade）.

半過去と複合過去の違いが、実際に散歩をしたかどうかの差を生んでしまう例です。なかなか微妙でわかりにくいと思いますが、要は、状況説明をしているか、やったことを示しているかの違いです。

> ～しなければいけない…がある
> 〈être à ＋不定詞〉〈avoir ＋名詞＋ à ＋不定詞〉

à は de と並んでフランス語でもっともよく使われる前置詞です。「…は〜すべきだ」という意味の à の使い方を見ていきましょう。

▶ その機械は修理しなくちゃ。
　　Cette machine *est à* réparer.
▶ あのレポートは書き直しだ。
　　Ce rapport *est à* réécrire.
▶ この映画は絶対見なくちゃ。
　　Ce film *est à* voir absolument.

▶ やらなきゃならない仕事がある。
　　J'*ai* un [du] travail *à* faire.
　　　＊目的語がないと、「やるべきこと（自分はわかっている）」になります。
　　　J'ai à faire.「やらなきゃならないことがある」
▶ 書かなきゃならないレポートがある（レポート書かなくちゃ）。
　　J'*ai* un rapport *à* écrire.
▶ 忘れちゃいけない会う約束がある。
　　J'*ai* un rendez-vous *à* ne pas manquer.
▶ 準備しなくちゃいけないプレゼンがある。
　　J'*ai* une présentation *à* préparer.
▶ 解決すべき問題がけっこうある。
　　J'*ai* pas mal de problèmes *à* résoudre.

5
表現ストックを増やそう

この章では、一日のさまざまな時間帯やさまざまなシチュエーションごとに、やったこと、起きたこと、感じたことなどを1文で紹介します。表現を豊かにするのは形容詞です。感想や印象にはたくさん形容詞が使われます。辞書代わりに使ってみてください。4章のパターン表現にこれらの語彙と表現を合わせれば、かなりのことが言えるはずです。それに加えて、日常生活の中ではよく使う単語や表現は、しばらく続けるとある程度決まってくるので、どんどん書くのが楽になっていくことでしょう。

日常のできごとを書く

天気

日本人は出会ったときに、天気で話を始めることがよくあります。日記でも、天気ではじめると、スムースにはじめることができます。一言でメモするか、文で書くか、自分でスタイルを決めましょう。

お天気は、その日の終わりに書くのであれば、できごとと一緒に書くはずですから、「背景説明」として半過去でよいでしょう。

晴れ	beau temps
曇り	un temps nuageux
雨	la pluie
にわか雨	une averse
霧	un brouillard
風	un [du] vent
雷雨	un orage
台風	un typhon
雪	la neige
吹雪	une tempête de neige
猛暑	la canicule / une chaleur caniculaire

- ▶ 晴れていた。　　　　　　Il faisait beau.
- ▶ 素晴らしい天気だった。　Il faisait un temps splendide.
- ▶ 穏やかな天気だった。　　Il faisait doux.
- ▶ 雨模様だった。　　　　　Il faisait un temps pluvieux.
- ▶ 曇っていた。　　　　　　Le ciel était gris.
　　　　　　　　　　　　　　Le ciel était couvert.
- ▶ 晴れのち曇り。　　　　　Après le beau temps, des nuages.

　＊この形で有名な表現があります。《 Après la pluie, le beau temps.》「雨のち晴れ」、つらいことのあとには必ずいいことがくるということわざです。

▶ 曇りときどき晴れだった。
　　Il faisait un temps nuageux avec des éclaircies passagères.
▶ 土砂降りだった。　　　　　Il pleuvait à verse.
▶ 小雨が降っていた。　　　　Une pluie fine tombait.
▶ 霧雨だった。　　　　　　　Cétait un crachin.
　　　　　　　　　　　　　＊霧雨の多いブルターニュ地方で使われる表現。

▶ にわか雨が降った。　　　　Il y a eu une averse.
▶ にわか雨に降られた。　　　J'ai été surpris(e) par une averse.
▶ 雷雨がきた。　　　　　　　Il y a eu un orage.
▶ 荒れ模様の天気だった。　　Le temps était orageux.
▶ 霧がかかっていた。　　　　Il y avait du brouillard.
▶ 霧が少しずつ晴れた。　　　Le brouillard s'est dissipé petit à petit.
▶ もやがかかっていた。　　　Il faisait un temps brumeux.
▶ 風が強かった。　　　　　　Le vent était fort.
▶ 台風25号がきた。　　　　　Le typhon n° 25 est arrivé.
　　　　　　　　　　　　　Il y a eu le typhon n° 25.

▶ 夜の間に雪が降った。　　　Il a neigé pendant la nuit.
▶ 吹雪だった。　　　　　　　Il y a eu une tempête de neige.
▶ 今日は暑かった。　　　　　Aujourd'hui, il faisait chaud.
▶ 寒かった。　　　　　　　　Il faisait froid.
▶ 涼しかった。　　　　　　　Il faisait frais.
▶ 蒸し暑かった。　　　　　　Il faisait lourd.
▶ なんて暑さだ！　　　　　　Quelle chaleur !
▶ 耐えられない暑さだった。　La canicule était insupportable.
▶ 息が詰まるような暑さだった。　Il faisait une chaleur étouffante.
▶ 今年一番の暑さだった。
　　C'était le jour le plus chaud de l'année.

朝食 / 出かける用意

朝食をとる	prendre le petit déjeuner
早起きする	se lever tôt
寝坊する	se lever tard
二日酔い	avoir la gueule de bois
顔を洗う	se laver le visage
歯を磨く	se brosser les dents
髪を洗う	se laver les cheveux
髪をとかす	se peigner
化粧をする	se maquiller
化粧のりがいい	avoir une peau parfaite
髭を剃る	se raser
身支度をする	se préparer
洋服を着る	s'habiller
アクセサリーを選ぶ	choisir les bijoux

▶ 今朝、いつもより早く起きた。
　Ce matin, je me suis levé(e) plus tôt que d'habitude.

▶ 今朝、目覚ましが鳴る前に起きた。
　Ce matin, je me suis levé(e) avant le réveil.

▶ 今朝、目覚ましをかけ忘れていた。
　Ce matin, j'avais oublié de mettre le réveil.

▶ 朝食前に15分間ストレッチをした。
　J'ai fait du stretching pendant un quart d'heure avant le petit déjeuner.

▶ いつもの朝食：野菜ジュース、パン、サラダ、ヨーグルトとコーヒー。
　Petit déjeuner comme d'habitude : jus de légumes, pain, salade, café et yaourt.

▶ 今朝は和食の朝食。ごはんに焼き魚、油揚げとミョウガのお味噌汁。
　Ce matin, j'ai pris un petit déjeuner à la japonaise : du riz, un [du]

poisson grillé, de la soupe miso avec du tofu frit et un peu de myoga.
- 今朝は朝食を食べる時間がなかった。
  Ce matin, je n'ai pas eu le temps de prendre le petit déjeuner.
- 今朝は髪を洗う時間がなかった。
  Ce matin, je n'ai pas eu le temps de me laver les cheveux.
- 朝食は毎日とらなくちゃ。
  Il faut prendre le petit déjeuner tous les jours.
- 寝ている間に髪に寝癖がついた。
  Mes cheveux ont pris un mauvais pli pendant le sommeil.
- 昨日、飲み過ぎた。
  J'ai trop bu hier soir.
- 昨日の夜、パックをしたおかげで肌は完璧だった。
  Ma peau était parfaite ce matin grâce au masque de beauté d'hier soir.
- 髭を剃っていて、顎を切った。
  Je me suis coupé le menton en me rasant.
- あわてて身支度をして、朝食を食べずに家を出た。
  Je me suis préparé(e) en vitesse et suis parti(e) sans prendre mon petit déjeuner.
- 今朝、スカートにするかパンツにするか、長いこと迷った。
  Ce matin, j'ai longtemps hésité entre jupe et pantalon.
- 今朝、またしても自分に言い聞かせた。着るものは前日に用意しろ。
  Ce matin, pour une fois, je me suis dit : il faut toujours préparer tes vêtements pour le lendemain.
- アメリカ支社長を迎えるために、新しいスーツを着てみた。
  J'ai étrenné mon nouveau tailleur pour accueillir le Président américain de notre campagnie.

通勤 / 通学

家を出る	sortir
通勤する	aller au travail
(地下鉄の) 駅	une station de métro
(JRなどの) 駅	une gare
自動販売機	un distributeur
定期券	une carte d'abonnement
売店で朝刊を買う	acheter un journal dans un kiosque
プラットフォーム	un quai
電車に乗り遅れる	rater le train
電車に飛び乗る	sauter dans le train
ラッシュアワー	l'heure de pointe
バス停	un arrêt de bus
交通渋滞	un bouchon / un embouteillage
コンビニエンスストア	une supérette
遅刻する	être [arriver] en retard

▶ お父さんが駅まで車で送ってくれた。
　Papa m'a accompagné(e) en voiture jusqu'à la gare.

▶ 朝、中野駅で人身事故があった。
　Ce matin, il y a eu un accident de voyageur à la gare de Nakano.

▶ 事故で電車が遅れた。
　Le train a été retardé à cause d'un accident.

▶ 今朝、寝坊して、いつものバスに乗り遅れてしまった。
　Ce matin, je me suis levé trop tard et j'ai raté mon bus habituel.

▶ 今朝、寝坊して、遅刻した。
　Ce matin, je me suis levé(e) trop tard et je suis arrivé(e) en retard.

▶ 今朝、寝坊して、朝のミィーティングに間に合わなかった。
　Ce matin, je me suis levé(e) trop tard et je ne suis pas arrivé(e) à l'heure à la réunion.

- 門から全速力で走ってぎりぎり授業に間に合った。
    J'ai couru jusqu'à la salle de cours et je suis arrivé(e) juste à temps.
- 今日は、会議に余裕を持って到着した。
    Aujourd'hui, je suis arrivé(e) à la réunion avant l'heure.
- 雨に降られて、折りたたみ傘を持ってこなかったことを後悔した。
    Il a plu et j'ai regretté de ne pas avoir pris mon parapluie pliant.
- 雨に降られて、コンビニで傘を買った。
    Il a plu et j'ai acheté un parapluie dans une supérette [à la supérette].
- 運良く電車で座れた。
    J'ai eu de la chance car j'ai trouvé une place assise dans le train.
- （電車で）もう少しで寝過ごすところだった。
    Je me suis endormi(e) et j'ai failli rater la station.
- 学校に行く途中で、さっちゃんに会った。
    J'ai rencontré Sachan sur le chemin de l'école.
- 今日は定期券を忘れて切符を買った。
    J'ai laissé [oublié] ma carte d'abonnement à la maison et acheté un ticket.
- 東京駅のプラットフォームで待ちあわせした。
    On s'est donné rendez-vous sur le quai de la gare de Tokyo.
- 通勤［通学］途中ずっとiPodで音楽を聴いた。
    J'ai écouté de la musique avec mon iPod tout au long du trajet.
- 会議の資料を取りに急いでうちに戻った。
    Je me suis précipité(e) pour rentrer récupérer les documents pour la réunion.
- 出勤前にパン屋に立ち寄った。
    Je suis passé(e) à la boulangerie avant d'aller au bureau.
- バスが駅前の渋滞に巻き込まれて、30分遅れた。
    Mon bus a été pris dans un embouteillage près de la gare et il est arrivé en retard d'une demi-heure.

学校で

教室	la salle de classe
授業に出席する	assister au cours
授業をさぼる	sécher le cours
前期[後期]試験を受ける	passer les examens du 1er [2e] semestre
口頭試験に合格する	réussir à l'épreuve orale
小論文を提出する	présenter sa dissertation
単位を修得する	avoir les unités de valeur
フランス語を履修する	suivre un cours de français
ゼミのテーマの準備をする	préparer le sujet du séminaire
学食で昼食をとる	déjeuner au resto-U
図書館で本を借りる	emprunter un livre à la bibliothèque
サークル活動	les activités du cercle [du club]
アルバイトする	avoir un job [travailler à mi-temps]

▶ 心理学の授業をサボった。
　　J'ai séché le cours de psychologie.

▶ フランス語の宿題を忘れた。
　　J'ai oublié de faire mes devoirs de français.

▶ 1限目の授業に遅刻した。
　　J'ai été en retard pour le premier cours.

▶ 今日は雨で自転車が使えなかった。
　　Aujourd'hui, je n'ai pas pu prendre mon vélo à cause de la pluie.

▶ Mと学食でお昼を食べた。
　　J'ai déjeuné [J'ai pris le déjeuner] au resto-U avec M.

▶ Mと学食で待ち合わせた。
　　J'ai pris rendez-vous avec M au resto-U.

▶ 試験のテーマについて議論した。
　　On a discuté du sujet de l'examen.

- 歴史の授業は休講だった。
  La classe d'histoire a été annulée.
- ３講目は休講だった。
  Je n'ai pas eu de cours en troisième heure.
- フランス語は復習が足りなかった。
  Les révisions pour le français n'ont pas été suffisantes.
- 今、学園祭の準備中だ。
  Maintenant, on est en pleine préparation pour la fête de l'école.
- 数学は私には難しすぎる。
  Les maths sont trop difficiles pour moi.
- 地理の時間は眠くなる。
  Le cours de géographie me donne envie de dormir.
- 今日の社会学の授業のテーマはフェミニズムだった。
  Le sujet du cours de sociologie d'aujourd'hui a porté sur le féminisme.
- 卒論のテーマのことで田中先生とアポイントメントをとった。
  J'ai pris rendez-vous avec M.Tanaka pour discuter de mon mémoire.
- ６時半からサークル活動だった。
  J'ai participé aux activités du cercle [du club] à partir de six heures et demie.
- 今日は実験で遅くなった。
  Je suis rentré(e) tard à cause des expériences.
- 休み時間に雅とテニスをした。
  J'ai fait du tennis avec Masa pendant la récré.
- 図書館で本を借りた。
  J'ai emprunté un livre à la bibliothèque.
- 今日はアンスティテュ・フランセで授業だった。
  Aujourd'hui, j'ai eu un cours à l'Institut Français.

職場で

仕事場	mon bureau
会社に行く	aller au bureau
上司	(mon) supérieur
同僚	un [une] collègue
顧客	un [une] client(e)
アポイントをとる	prendre rendez-vous
書類（Word書類）	un document (un document word)
コピーをとる	faire une photocopie / photocopier
メモをとる	prendre en note / prendre des notes
休暇をとる［願い出る］	prendre [demander] un congé
情報を添付書類で送る	envoyer les informations en pièce jointe

▶ 9時半からこの秋の企画のプレゼンテーションをした。
　À 9 h 30, j'ai fait la présentation d'un projet pour l'automne.

▶ このプロジェクトにはわくわくする。
　Ce projet est fascinant.

▶ 3人で協力して事に当たる予定だ。
　On va s'y attaquer ensemble tous les trois.

▶ 新製品の販売促進のために、高島屋の担当者に会った。
　Pour la promotion de nouveaux produits, j'ai rencontré le responsable du grand magasin Takashimaya.

▶ ここ数日、ものすごく忙しい。
　Je suis très occupé(e) ces jours-ci.

▶ 今日はお客様が途切れなかった。
　Aujourd'hui, l'afflux de clients a été incessant.

▶ 午後から大阪に出張した。
　Je suis parti(e) à Osaka en début d'après-midi.

▶ 午前中は、x社と打ち合わせだった。
　Pendant la matinée, j'ai eu une réunion avec la société X.

▸ 今日はずいぶん仕事が進んだ。
　　J'ai bien avancé mon travail aujourd'hui.
▸ 今日、人事異動が発表された。
　　Aujourd'hui, on a annoncé un mouvement du personnel.
▸ 経理部への異動を命じられた。
　　J'ai été transféré au service comptabilité.
▸ このところすごくストレスがたまっている。
　　Depuis quelque temps, le stress s'accumule.
▸ 会議が多すぎる。
　　Il y a trop de réunions.
▸ 同僚はみんな感じがいい。
　　Mes collègues sont tous sympas.
▸ 明日から新しい派遣先で仕事だ。
　　À partir de demain, je travaille dans une nouvelle compagnie.
▸ 面接があるので、テツオと交代してもらった。
　　Comme j'ai un entretien (de) prévu, j'ai demandé à Tetsuo de me remplacer.
▸ 今日は給料日[ボーナス支給日]だ。
　　Aujourd'hui, c'est le versement du salaire [du bonus].
▸ 明日の会議のために資料を準備した。
　　J'ai préparé les documents pour la réunion de demain.
▸ 月曜からずっと残業をしている。
　　Depuis lundi je fais des heures supplémentaires.

家で

家事をする	faire le ménage
皿洗いをする	faire la vaisselle
料理をする	faire la cuisine
洗濯をする	faire le linge
洗濯物を干す	sécher le linge
部屋に掃除機をかける	passer l'aspirateur dans une pièce
絨毯に掃除機をかける	nettoyer les tapis avec l'aspirateur
引き出しを整理する	ranger dans les tiroirs
クリーニング店	le pressing / la blanchisserie（水洗いのみ）
ドライクリーニング	le nettoyage à sec
衣替えをする	sortir les vêtements d'hiver［d'été］ changer de vêtements selon les saisons
ズボンにアイロンをかける	repasser un pantalon
不要品を捨てる	se débarrasser des choses inutiles
草むしりをする	arracher les mauvaises herbes
公共料金	le tarif des services publics
電気［ガス / 水道］料金	le tarif de l'électricité［du gaz / de l'eau］
故障する	tomber en panne

faireを使った「家事」は毎日毎日決まってやるものなので、基本的に定冠詞です。

▶ 今日は絶対外出しないと決めた。
　Je me suis décidé(e) à ne pas sortir aujourd'hui.

▶ 今日は外食した。
　Aujourd'hui, on a mangé en ville.

▶ うちの中が散らかっていた。
　L'appartement était en désordre.

▶ 半日かけて掃除をした。
　J'ai passé une demi journée à nettoyer chez moi.

▶ 寝室の掃除をした。
　J'ai nettoyé ma chambre.

▶ 靴を全部磨いた。
　　J'ai nettoyé toutes mes chaussures.
▶ ガーデニングをした。
　　J'ai fait du jardinage.
▶ 服をいくつかリサイクルに出そう。
　　Je vais donner certains vêtements au recyclage.
▶ 冬物をまとめてクリーニングに持っていった。
　　J'ai porté [donné] tous les vêtements d'hiver à nettoyer.
　　J'ai donné tous les vêtements d'hiver au pressing.
▶ 洗濯物がたまっている。
　　Le linge s'entasse. / Le linge s'est entassé.
▶ 今日は２回洗濯した。
　　Aujourd'hui, j'ai fait la lessive deux fois.
▶ 洗濯機が壊れた。
　　La machine à laver est tombée en panne.
▶ 雪かきをした。
　　J'ai déblayé la neige.
▶ 雪かきは大変だ。
　　Le déblayage de la neige est un gros travail.
▶ 明日は古新聞回収の日だ。
　　Demain, ils viennent ramasser les vieux journaux.

═══*petit rappel*═══

fermerは、fermer la porte à clé「ドアに鍵をかける」のように日本語でも「閉める」が普通です。他に、閉める栓がついているものにも使えます。

　　fermer le robinet　　　　　（水道の）栓を閉める
　　fermer [couper] l'eau　　　水を止める
　　fermer [couper] le gaz　　 ガスを止める
電気やテレビはéteindre la lumière, éteindre la téléです。

趣味

スポーツをする	faire du sport
ジョギングをする	faire du jogging
水泳をする	faire de la natation
テニスをする	faire du tennis（＝jouer au tennis）
ピアノを弾く	faire du piano（＝jouer du piano）
ギターを演奏する	faire de la guitare（＝jouer de la guitare）
ドライブする	faire une promenade en voiture
一杯やる	prendre un pot / aller boire un coup
カラオケで歌う	chanter au karaoké
映画のチケット	un ticket de cinéma
通常料金のチケット	un ticket à plein tarif
割引券	une réduction / un bon de réduction
レンタルビデオ	une vidéo à louer

スポーツをしたり、楽器を演奏したりするとき、動詞faireを使うと名詞は部分冠詞になります。

▸ 映画を見に行った。
　　Je suis allé(e) voir un film. / Je suis allé(e) au cinéma.
▸ 上野でFujitaの展覧会をやっていた。
　　Une exposition consacrée à Fujita a eu lieu à Ueno.
▸ 『シャーロック２』のビデオを借りてきた。
　　J'ai loué une vidéo *Sherlock 2*.
▸ テレビで『ジュリー・レスコー』を見た。
　　J'ai regardé à la télé *Julie Lescaut*.
▸ 彼とゲームで遊んだ。
　　J'ai joué au jeu vidéo avec mon petit ami.
▸ お茶［お花］の稽古に行った。
　　Je suis allé(e) assister à une cérémonie du thé [l'art de l'arrangement floral].

▶ エステティックサロンにいった。
　　Je suis allé(e) au salon de beauté.
▶ マッサージに行った。
　　Je suis allé(e) me faire masser.
▶ 日曜大工をした。
　　J'ai fait du bricolage.
▶ 午前中、庭仕事をした。
　　Dans la matinée, j'ai fait du jardinage.
▶ 皇居の周りをジョギングをした。
　　J'ai fait du jogging autour du Palais Impérial.
▶ 多摩川沿いにサイクリングに行った。
　　Je suis parti(e) faire du vélo au bord du fleuve Tama.
▶ 杉並公園で犬を散歩させた。
　　J'ai promené mon chien dans le parc Suginami.
▶ 山中湖までドライブに出かけた。
　　On est allé se promener au lac Yamanaka en voiture.
▶ 帰りは渋滞した。
　　Au retour, on a été pris [on est tombé] dans un embouteillage.
▶ 子供たちをプールに連れて行った。
　　J'ai amené les enfants à la piscine.
▶ すごく日焼けした。
　　Je me suis bien bronzé(e).
▶ 近所のサッカー場で試合を見た。
　　On a vu un match de foot dans le stade près de chez nous.
▶ 友だちとカラオケにいった。
　　Je suis allé(e) au karaoké avec mes amis.
▶ いい気分転換になった。
　　Cela m'a changé les idées.
▶ 新しい歌を仕入れないと。
　　Je dois apprendre de nouvelles chansons.

ショッピング

買い物をする	faire les courses
〜を通信販売で買う	acheter 〜 par correspondance
カタログを取り寄せる	faire venir un catalogue
ネットで価格を調べる	consulter le prix sur Internet
ネットで〜についての評価を調べる	consulter des avis en ligne
オンライン	en ligne
オンラインショッピング	un achat en ligne
〜を分割払いで買う	acheter 〜 à crédit
〜をxx%引きで買う	acheter 〜 avec un rabais de xx%
〜をバーゲンで買う	acheter 〜 en solde
夏[冬]のバーゲン	les soldes d'été [d'hiver]
福袋	un sac-surprise

▶ １週間分の買い物をした。
　J'ai fait les courses pour une semaine.

▶ 自分のためにいい赤ワインを買った。
　Je me suis acheté une bonne bouteille de rouge.

▶ ワンピースを２割引で買った。
　J'ai acheté une robe avec un rabais de 20%.

▶ バーゲンでブーツを買った．
　J'ai acheté des bottes en solde.

▶ 今日は１０％割引だった。
　Aujourd'hui, il y avait 10% de réduction.

▶ アマゾンで内田樹の本を注文した。
　J'ai commandé un livre de Tatsuru Uchida sur Amazon.

▶ iPhoneを買うのに列に並んだ。
　J'ai fait la queue pour acheter un iPhone.

携帯電話／パソコン

携帯電話	un portable
スマートフォン	un smartphone
プリペイド電話	un téléphone avec mobicarte [carte]
ストラップ	un bijou [des bijoux] pour portable
圏外	hors de portée (du réseau)
タブレット	une tablette
デスクトップパソコン	un ordinateur de bureau
ノートパソコン	un ordinateur portable
CAD	une conception assistée par ordinateur
コンピューターで作業する	travailler sur ordinateur
高性能のパソコン	un PC performant
ダウンロードする	télécharger
同期する	synchroniser

▶ パソコンの調子が悪い。
　Mon PC ne marche pas bien.

▶ 今年はパソコンを買い換えたい。
　Cette année, je veux m'acheter un nouvel ordinateur.

▶ 私はスマートフォンより普通の携帯電話が好きだ。
　Je préfère les portables classiques aux smartphones.

▶ ドコモショップで新しいスマホを見て触ってきた。
　J'ai vu et manipulé les nouveaux smartphones chez DoCoMo.

▶ タブレットは便利そうだ。
　Les tablettes ont l'air pratiques.

▶ 簡単に絵が描けるソフトをダウンロードした。
　J'ai téléchargé un petit logiciel qui me permet de dessiner facilement.

▶ 重要な書類を、会社とうちとで同期した。
　J'ai synchronisé mes fichiers importants entre les ordinateurs du bureau et de la maison.

睡眠

羽布団	un édredon de plume / une couette
シーツ*	un drap
枕	un oreiller
枕カバー	une taie
目覚まし	un réveil
パジャマ姿でいる	être en pyjama
ネグリジェ	une chemise de nuit
いびきをかく	ronfler
寝返りをうつ	se tourner (et se retourner) dans son lit
ぐっすり眠る	dormir profondément

*普通は上下にdrapを使いますが、近頃は羽布団が多く、羽布団をすっぽりとくるむ形のカバーはune housse (un drap-housse)

▶ 昨日はすごくよく眠った。
　　J'ai très bien dormi hier soir.

▶ 驚いたことに9時半まで目が覚めなかった。
　　Chose étonnante, j'ai dormi jusqu'à neuf heures et demie.

▶ 目覚ましを2つかけたが、起きられなかった。
　　J'ai continué à dormir malgré la sonnerie des deux réveils.

▶ 驚いたことに、起きたらお昼だった。
　　Chose étonnante, j'ai continué à dormir jusqu'à midi.

▶ 睡眠時間は7~8時間は必要だ。
　　On a besoin d'au moins sept ou huit heures de sommeil.

▶ 昨日はバタンキューだった。
　　Hier soir, j'ai tout de suite trouvé le sommeil.

▶ 昨日はよく眠れなかった。
　　Je n'ai pas pu bien dormir hier soir.

▶ このところなかなか寝つけない。
　　Je n'arrive pas à bien dormir ces jours-ci.

J'ai de la difficulté à m'endormir.

▶ このホテルのベッドのマットレスは柔らかすぎる。
Le matelas du lit de cet hôtel est trop mou pour moi.

▶ 寒かったので毛布を1枚入れた。
J'ai mis une couverture de plus à cause du froid.

▶ 昨夜は2時まで起きていた。
J'ai veillé jusqu'à deux heures du matin.

▶ 明日は早く起きなくてはならない。
Demain, il faut me réveiller très tôt le matin [de bonne heure].

▶ 今日はテレビを見ないで寝よう。
Je vais me coucher sans regarder la télé.

▶ このところ、寝不足だ。
Récemment, je manque de sommeil.
Récemment, je ne dors pas assez.

▶ 夫のいびきがうるさくて眠れなかった。
J'ai mal dormi à cause du ronflement de mon mari.

▶ 東野圭吾を読み始めたら、おもしろくて目がさえてしまった。
Après avoir lu un Higashino Keigo, je ne suis pas arrivé(e) à m'endormir.

▶ 飲み過ぎると、4時頃に目が覚めてしまう。
Quand je bois trop d'alcool, je me réveille toujours vers quatre heures.

▶ 今日は一日ごろごろしていた。
Aujourd'hui, je n'ai rien fait de toute la journée.

▶ 今日は1時間半も昼寝をした。
Aujourd'hui, j'ai fait la sieste pendant une heure et demie.

▶ 実奈子に寝る前に本を読んで聞かせた。
J'ai lu un livre à Minako au lit.

▶ 太郎を8時に寝かせつけた。
J'ai couché Taro à huit heures.

病気/けが

〜が痛い	avoir mal à 〜
ひどい痛み	une douleur atroce
ずきずきする痛み	une douleur lancinante
食欲がない	ne pas avoir d'appétit
熱がある	avoir de la fièvre
寒気がする	se sentir fiévreux(se)
鼻水が出る	avoir le nez qui coule
めまい	un étourdissement

▶ すごく疲れている。
　　Je suis extrêmement fatigué(e). / Je suis exténué(e).

▶ 朝から頭が痛かった。
　　J'avais la migraine depuis ce matin.

▶ 風邪気味だ。
　　Je suis enrhumé(e).

▶ 風邪をひいた。
　　J'ai attrapé un rhume.

▶ 風邪をひいたに違いない。
　　J'ai dû attraper un rhume.

▶ 風邪をひいて一日中寝込んだ。
　　Je suis resté(e) au lit à cause d'un rhume.

▶ 悪い風邪が流行っている。
　　Une mauvaise grippe sévit ces temps-ci.

▶ インフルエンザの予防注射をした。
　　Je suis vacciné(e) contre la grippe.

▶ インフルエンザにかかった。
　　J'ai attrapé une grippe.

▶ 熱が出た。
　　J'ai eu de la fièvre.

▶ 一日中熱っぽかった。
　J'ai été fiévreux(se) toute la journée.
▶ 咳が止まらない。
　Je n'arrête pas de tousser.
▶ しつこい咳で眠れなかった。
　Une toux obstinée m'a empêché(e) de dormir.
▶ 咳止めの薬を飲んだ。
　J'ai pris un médicament contre la toux.
▶ 扁桃腺が腫れ上がっている。
　Mes amygdales sont enflées.
▶ 胃が痛い。
　J'ai mal à l'estomac.
▶ 胃薬を飲んだ。
　J'ai pris un médicament pour l'estomac.
▶ 飲みに行く前にキャベジンを飲んでおいた。
　J'ai bu un flacon de Cabedjin avant d'aller à la soirée.
▶ 病気で仕事を休んだ。
　Je me suis absenté(e) parce que j'étais malade.
▶ 気分が悪い。
　Je ne me sens pas bien.
▶ 医者に行って点滴をした。
　Je suis allé(e) chez le médecin et j'ai subi une perfusion.
▶ 足［手首］を捻挫した。
　Je me suis tordu la cheville [le poignet].
▶ 足首は腫れ上がっている。
　Ma cheville est gonflée.
▶ 足を折った。
　Je me suis cassé la jambe.
▶ 来週、胃カメラを飲む。
　La semaine prochaine, je vais passer une fibroscopie (gastrique).

感想・印象を書く

人の外見

- 背が高かった
  Il était grand.
  Elle était grande.
- 背が低かった。
  Il était petit.
  Elle était petite.
- 大柄だった。
  Il était fort.
  Elle était forte.
- 太っていた。
  Il était gros.
  Elle était grosse.
- がっちりしていた。
  Il était costaud.*

  *女性に対してはあまり使いません。

- すらりとしていた。
  Il / Elle était svelte.
- すらりと背が高い。
  Il / Elle a une silhouette élancée.
- 痩せていた。
  Il / Elle était mince.
- がりがりだった。
  Il / Elle était maigre.
- かっこよかった。
  Il était cool.
- イケメンだった。
  Il était beau.
  C'était un beau garçon.
- 美人だった。
  Elle était belle.
- それほど美人でもなかった。
  Elle n'était pas si belle que ça.
  Elle était physiquement banale.
- 目がきれいだった。
  Il / Elle avait de beaux yeux.
- 健康的だった。
  Il / Elle avait l'air en forme.
- とても魅力的な人だった。
  Il était tout à fait charmant.
  Elle était tout à fait charmante.

▶ 真面目そうだった。	Il avait l'air sérieux.
	Elle avait l'air sérieuse.
▶ 優しそうだった。	Il avait l'air gentil.
	Elle avait l'air gentille.
▶ 厳しそうだった。	Il avait l'air dur.
	Elle avait l'air dure.
▶ 笑顔が素敵だ。	Il / Elle a un beau sourire.
▶ いつもニコニコしている。	Il est toujours souriant.
	Elle est toujours souriante.
▶ 上品だ。	Il est élégant.
	Elle est élégante.
	Il est distingué.
	Elle est distinguée.
▶ 育ちが良い。	Il est bien élevé.
	Elle est bien élevée.
▶ プロポーションがいい。	Elle est bien proportionnée.
▶ 見苦しい格好だった。	Il / Elle n'était pas présentable.

===petit rappel===

Il avait l'air gentil. / Elle avait l'air gentille.
avoir l'air は「～のように見える」という表現ですが、ちょっと見てください。gentil は男性名詞 air にかかっているのですから、普通なら女性形にはなりません。しかし、この場合は文法よりは気分が優先されて、「彼が / 彼女が優しいのだ」ということで、gentil は主語に合わせて性数一致しています。

人の性格

彼/彼女についての言い方です。ひとつしかないものは男女兼用です。

■ 好意的な印象

- 感じがいい。 — Il / Elle est sympathique.
- 自然体だ。 — Il est spontané. / Elle est spontanée.
- 話し上手な人だった。 — C'était un beau parleur.
- 聞き上手な人だった。 — C'était quelqu'un qui savait écouter.
- 前向きな人だった。 — C'était quelqu'un de positif.
- 誠実だ。 — Il / Elle est honnête.
- 陽気だ。 — Il est gai. / Elle est gaie.
- 社交的だ。 — Il / Elle est sociable.
- 率直だ。 — Il est franc. / Elle est franche.
- 落ち着いていた。 — Il / Elle était calme.
- 人を引きつける魅力がある。 — Il est attirant. / Elle est attirante.
- とてもいい（立派な）人だった。 — C'était quelqu'un de bien.
- 優しい。 — Il est gentil. / Elle est gentille.
- 謙虚だ。 — Il / Elle est modeste.
- 信用できる。 — Il / Elle est fiable.
- 真面目だ（しっかりしている）。 — Il est sérieux. / Elle est sérieuse.
- やる気がある。 — Il / Elle a beaucoup de volonté.
- お気楽だった。 — Il est insouciant. / Elle est insouciante.
- 時間に正確だ。 — Il est ponctuel. / Elle est ponctuelle.

=== *petit rappel* ===

Il est positif. 　　　　　　　彼は前向きだ。
C'était quelqu'un de positif.　あの人は前向きな人だった。

「〜な人」という表現は、フランス語のフラットな《 Il est gentil. 》よりも、《 C'est quelqu'un de gentil. 》のほうがぴったりきますね。

■ 否定的な印象

- いやな感じだった。　　　　　C'était un sale type.
- 冷たい。　　　　　　　　　　Il / Elle est d'un abord froid.
- 失礼だった。　　　　　　　　Il n'était pas très poli.
  　　　　　　　　　　　　　　Elle n'était pas très polie.
- 頑固だ。　　　　　　　　　　Il est têtu. / Elle est têtue.
- 融通が利かなかった。　　　　Il / Elle n'était pas souple.
  　Il / Elle n'avait pas l'esprit conciliant.
- 自信過剰だ。　　　　　　　　Il est trop sûr de lui.
  　　　　　　　　　　　　　　Elle est trop sûre d'elle.
- なんて傲慢なんだ。　　　　　Quelle arrogance !
- うぬぼれている。　　　　　　Il est prétentieux.
  　　　　　　　　　　　　　　Elle est prétentieuse.
- 内気だ。　　　　　　　　　　Il / Elle est timide.
- 思い上がっている。　　　　　Il / Elle a la grosse tête.
- 彼女は美人だとうぬぼれている。　Elle se croit belle.
- 男尊女卑だった。　　　　　　Il était macho.
- 日和見主義だった。　　　　　C'était un(e) opportuniste.
- ケチだ。　　　　　　　　　　Il est radin.
  　　　　　　　　　　　　　　Elle est radine.
- 気難しい。　　　　　　　　　Il / Elle est difficile.
- 神経質だ。　　　　　　　　　Il / Elle est trop sensible.
- ツンとしている。　　　　　　Il / Elle est collet monté.
- お高くとまっている。　　　　Il est trop fier de lui.
  　　　　　　　　　　　　　　Elle est trop fière d'elle.
- 怠け者だ。　　　　　　　　　Il est paresseux.
  　　　　　　　　　　　　　　Elle est paresseuse.
- 変だ。　　　　　　　　　　　Il / Elle est bizarre.
- わがままだ。　　　　　　　　Il est capricieux.
  　　　　　　　　　　　　　　Elle est capricieuse.

料理の味

- 美味しかった。　　　　　　　　C'était délicieux.
　　　　　　　　　　　　　　　　C'était vraiment bon.

- 甘かった。　　　　　　　　　　C'était doux.
- 酸っぱかった。　　　　　　　　C'était acide.
- 苦かった。　　　　　　　　　　C'était amer.
- 塩辛かった。　　　　　　　　　C'était trop salé.
- ピリ辛だった。　　　　　　　　C'était piquant.
- 繊細な味だった。　　　　　　　C'était subtil.
- 料理は洗練されていた。　　　　La cuisine était raffinée.
- あのボルドーはこくがあった。　Ce bordeaux avait du corps.
　　　　　　　　　　　　　　　　Ce bordeaux était long en bouche.

- 野菜がちゃんとゆだっていた。　Les légumes étaient bien cuits.
- 大味だった。　　　　　　　　　C'était fade.
　　　　　　　　　　　　　　　　C'était sans goût.

- 脂っぽすぎた。　　　　　　　　C'était trop gras.
- 肉が硬かった。　　　　　　　　La viande était trop dure.
- 歯ごたえがあった。　　　　　　C'était croquant.
- ～みたいな香りだった。　　　　xx avait un arôme [parfum] de ~
- ～みたいな味だった。　　　　　xx avait un goût de ~
- 舌にきつすぎた。　　　　　　　C'était trop fort.＊

　　　　　　　　　　＊酸っぱい / 辛い / 塩辛いなど

ニュース / 知らせ

■ 好意的な印象

- 嬉しかった。　　　　　　　　　J'étais heureux(se).
- わくわくした。　　　　　　　　J'était très excité(e).
　　　　　　　　　　　　　　　　C'était très exaltant.
- こんなに嬉しいことはない。
　　　Je ne peux pas être plus heureux(se).

■ 否定的な印象

- 悲しかった。　　　　　　　　　J'étais triste.
- がっかりした。　　　　　　　　J'étais déçu(e).
- くやしかった。　　　　　　　　C'était vexant.
- 腹立たしかった。　　　　　　　C'était irritant.
　　　　　　　　　　　　　　　　C'était exaspérant.
- 目を覆いたくなるようだった。　C'était désespérant.

■ 驚き

- びっくりした。　　　　　　　　Ça m'a étonné(e).
　　　　　　　　　　　　　　　　J'ai été surpris(e).
- ショックだった　　　　　　　　C'était choquant.
- 衝撃的だった。　　　　　　　　C'était bouleversant.
　　　　　　　　　　　　　　　　Ça m'a fait un choc.
- 青天の霹靂。　　　　　　　　　C'était un coup de tonnerre.
　　　　　　　　　　　　　　　　Ce fut le coup de foudre.
- 恐ろしかった。　　　　　　　　Ça m'a fait peur. / J'ai pris peur.
- 信じられなかった。　　　　　　Je n'y croyais pas.
　　　　　　　　　　　　　　　　Je n'arrivais pas à y croire.
- 耳を疑った。　　　　　　　　　Je n'en croyais pas mes oreilles.
- とても本当とは思えなかった。　C'était à ne pas y croire.

旅行/観光地

旅行や遊園地、美術館などの感想です。複数で行ったことを前提にonを主語にしてあるものもありますが、もちろんjeでもけっこうです。

■ 往路・復路
- （駅から）遠かった。　　　　　C'était loin (de la gare).
- そんなに遠くなかった。　　　　Ce n'était pas si loin.
- 高速で交通事故があった。　　　Il y a eu un accident sur l'autoroute.
- 森で道に迷った。　　　　　　　On s'est perdu dans la forêt.
- 帰りに渋滞に巻き込まれた。
  En rentrant, on a été pris dans un bouchon.

■ 行った先で
- たくさんの人がいた。　　　　　Il y avait beaucoup de monde.
  　　　　　　　　　　　　　　　Il y avait du monde.
- 長蛇の列だった。　　　　　　　Il y avait une queue énorme.
- １時間以上待った。　　　　　　On a attendu plus d'une heure.
- がらがらだった。　　　　　　　Il n'y avait pratiquement personne.
- （この絵に）ひとめ惚れした。
  J'ai eu le coup de foudre (pour ce tableau).

■ 景色
- 頂上からの景色は息をのむほど美しかった。
  Au sommet, le paysage était à (vous) couper le souffle.
- 晴れていたらもっとよかったのに。
  S'il avait fait beau, cela aurait été mieux [plus gai].
- なんてきれいな景色なんだろう。
  Quel beau paysage !

▶ 目の前には目もさめるような景色が広がっていた。
　　J'avais sous les yeux un paysage splendide.
▶ まさに絵のような景色だった。
　　C'était un site pittoresque.
▶ 森の景色には癒される。
　　La forêt était apaisante.
▶ 大きな看板が景観を損ねていた。
　　Une grande enseigne gâchait le paysage.
▶ 山はゴミだらけだった。
　　Les sentiers de la montagne étaient jonchés d'ordures.

■ 行った場所の感想
▶ とても楽しかった。
　　On a passé un bon moment. / On s'est bien amusé.
▶ よい思い出だ。
　　C'est un bon souvenir. / C'est peut-être un souvenir inoubliable.
▶ 言葉で言えないほどだった。
　　C'était au-delà des mots.
▶ ものすごくインパクトが強かった。
　　C'était tout à fait impressionnant. / J'ai été très impressionné(e).
▶ へとへとになった。
　　On était fatigué. / On était exténué.
　　On était crevé.
▶ 疲れただけだった。
　　On a beau être fatigué. / C'était tout simplement fatigant.
　　Cela nous a tout simplement fatigués.
▶ 絶対にもう一度来たい。
　　Je reviendrai certainement ici.
▶ もう二度と行きたくない。
　　Je n'y reviendrai jamais.

テレビ／映画／本など

■ 好意的な印象

- よかった。　　　　　　　　J'ai bien aimé.
  　　　　　　　　　　　　　C'était super.
- 興味深い内容だった。　　　　C'était intéressant.
- すごく笑った。　　　　　　　J'ai beaucoup ri.
- 満足した。　　　　　　　　　Ça m'a beaucoup plu.
  　　　　　　　　　　　　　J'en suis ressorti très content(e).
- 感動的だった。　　　　　　　C'était touchant.
- 涙が出るほど感動した。　　　J'ai été ému(e) jusqu'aux larmes.
  　　　　　　　　　　　　　J'avais du mal à retenir mes larmes.
- もう一度観たい。　　　　　　Je veux le voir encore une fois.
- 評判通りよかった。　　　　　C'était aussi bon qu'on le dit.
- 言葉で言えないほど感激している。
  　　Je ne peux pas trouver les mots pour exprimer mon émotion [dire combien je suis émue].
- ラストシーンには涙が出てしまった。
  　　La dernière scène m'a fait monter les larmes aux yeux.
- 主人公に感情移入した。
  　　J'ai fortement sympathisé avec le héros.
- おなかの皮がよじれるほどおかしかった。
  　　C'était tordant.
- 彼の新作CDはぞくぞくするほどよかった。
  　　Son nouveau disque m'a donné le frisson.
- これは今まで見た中で最高の映画のひとつだ。
  　　C'est un des meilleurs films que j'aie jamais vus.
- この映画はおすすめ。
  　　Ce film est fortement recommandé.

▶ これは今まで読んだ中で最高の小説のひとつだ。
　　C'est un des meilleurs romans que j'aie jamais lus.
▶ 何にもまして脚本が素晴らしかった。
　　Le script était vraiment excellent.
▶ 主役は主人公を素晴らしくうまく演じていた。
　　L'acteur jouait magnifiquement le héros
▶ 彼の演技は他に比べるものがない。
　　Son interprétation est incomparable.
▶ まさに期待していたものだった。
　　C'était exactement ce à quoi je m'attendais.

■ 否定的な印象
　▶ 長すぎた。　　　　　　　　C'était trop long.
　▶ 1回で十分だ。　　　　　　 Une fois, ça suffit.
　▶ （見る）価値はなかった。　 Ça ne valait pas la peine (de le regarder).
　▶ くだらなかった。　　　　　 C'était nul.
　▶ がっかりした。　　　　　　 J'ai été déçu(e).
　▶ 前作の方がよかった。　　　 J'ai préféré le précédent.
　▶ 複雑だった。　　　　　　　 C'était compliqué.
　▶ 恐ろしく退屈した。　　　　 Je me suis horriblement ennuyé(e).
　▶ 難しかった。　　　　　　　 C'était difficile à comprendre.
　▶ この小説は退屈だ。　　　　 Ce roman m'endort.
　▶ 恐ろしくつまらない映画だった。
　　　C'était un film atrocement ennuyeux.
　▶ あの結末には納得できない。
　　　Je ne suis pas convaincu(e) par cette fin.
　▶ 毎回似たようなものだが、ついつい見てしまう。
　　　Ce feuilleton télé, c'est toujours la même chose, mais je ne peux pas m'empêcher de le regarder.

ものの値段

- すごく高かった。 C'était très cher.
- 法外な値段だった。 C'était un prix exorbitant.
- 高すぎた。 C'était trop cher.
- けっこう高かった。 C'était assez cher.
- 手ごろな価格だった。 Le prix était raisonnable.
- 安かった。 Ce n'était pas cher.
  C'était un petit prix.
  C'était bon marché.
  J'ai l'ai acheté à bas prix.

＊フランス語にはいわゆる「安い」という単語がありません。

- 思ったより高かった。 C'était plus cher que je ne (le) pensais.
- 思ったより安かった。 C'était moins cher que je ne (le) pensais.

＊leは入れなくても構いません。

- お買い得だった。 C'était une belle occasion.
- 半額だった。 C'était à moitié prix.
- いい買い物だった。 Cétait une bonne affaire.
  J'ai fait une bonne affaire.
- 今日は30％割引だった。
  Aujourd'hui, il y avait 30% de reduction.
- ブーツはバーゲンになっていた。
  Les bottes étaient en solde [soldées].

C'était un peu trop grand.

洋服 / アクセサリー

▶ 気に入った。	Ça m'a plu.
▶ 気に入らなかった	Ça ne m'a pas plu.
▶ 素敵だった。	C'était joli.
	C'était chouette.
▶ かわいかった。	C'était mignon.
	C'était adorable.
▶ ちょっときつかった。	C'était juste.
▶ ちょっとゆるかった。	C'était un peu trop grand.
▶ サイズはぴったりだった	C'était à ma taille.
▶ 豪華だった。	C'était splendide.
▶ シックだった。	C'était chic.
▶ エレガントだった。	C'était élégant.
▶ 私のタイプだった。	C'était mon genre.
▶ 私に似合う。	Ça me va bien.
▶ 私向きじゃなかった。	Ce n'était pas pour moi.
▶ 平凡すぎた。	C'était trop ordinaire.
▶ 色が気に入らなかった。	Je n'ai pas aimé la couleur.
▶ 時代遅れだった。	C'était démodé.
▶ あのワンピースは流行遅れだ。	Cette robe est passée de mode.

---
petit rappl

〈être mon genre〉〈être mon style〉は、人やモノなどいろいろなものに使えます。

Il *est* tout à fait *mon genre* d'homme	彼はまさに私のタイプだ。
Cette musique n'*est* pas *mon style*.	この音楽はタイプじゃない。

スポーツのあと

- 気持ちよかった。　　　　　　Ça m'a fait du bien.
- 楽しかった。　　　　　　　　Je me suis bien amusé(e).
　　　　　　　　　　　　　　　Ce fut un vrai plaisir.
- つまらなかった。　　　　　　Je me suis ennuyé(e).
- 疲れた。　　　　　　　　　　J'étais fatigué(e).
　　　　　　　　　　　　　　　Ça m'a fatigué(e).
- へとへとになった。　　　　　J'était exténué(e).
- 汗をたくさんかいた。　　　　J'ai beaucoup transpiré.
- ほとんど汗をかかなかった。　Je n'ai presque pas transpiré.
- 筋肉痛になった。　　　　　　Je suis tout(e) courbatu(e).
　　　　　　　　　　　　　　　Mes muscles sont tout endoloris.
　　　　　　　　　　　　　　　J'ai mal partout.
- 脚が痛い！　　　　　　　　　Aïe, mes jambes !
　　　　　　　　　　　　　　　Je ne sens plus mes jambes.
- 足が痛かった。　　　　　　　J'avais mal aux pieds.
- 翌日、腹筋が痛かった。
　　Le lendemain, j'avais mal aux muscles du ventre.
- 続けることに意義がある！
　　L'important, c'est de continuer !

Ça y est !

緊張とリラックス

- 不安だった。 　　　　　　　　　　J'étais nerveux(se).
- あがった、ドキドキした。 　　　　J'ai eu le trac.
- あがっていた、ドキドキしていた。 J'avais le trac.
- 自信があった。 　　　　　　　　　J'avais confiance en moi.
- 最善を尽くそう。 　　　　　　　　Je ferai de mon mieux.
- 最善を尽くした。 　　　　　　　　J'ai fait de mon mieux.
- うまくいった。 　　　　　　　　　Ça a bien marché.
- だめだった。 　　　　　　　　　　Ça n'a pas bien marché.
  　　　　　　　　　　　　　　　　　J'ai tout foiré.
- やった！ 　　　　　　　　　　　　Ça y est !
- 運が良かった。 　　　　　　　　　J'ai eu de la chance.
- 運が悪かった。 　　　　　　　　　Je n'ai pas eu de chance.
- （周りも）緊張した雰囲気だった。
  　　L'ambiance était tendue.
- （周りは）リラックスした雰囲気だった。
  　　L'ambiance était décontractée.
- うまくやったと思う。
  　　Je crois que j'ai réussi [que je l'ai réussi].
- 準備不足だった。
  　　Il manquait de préparation.
- できることはすべてやった。
  　　J'ai fait tout ce que je pouvais.
- 成功しますように！
  　　Pourvu que je réussisse !　　　＊pourvu queの後は接続法をとります。

コラム　私のフランス語学習体験 ②

　フランス語習得のために越えなくてはならない山はいくつかありますが、その中のひとつが動詞の活用。へたすると毎回辞書のお世話になるかもしれませんね。

　で、アドバイスは、とりあえず現在形を覚えることです。現在形をばっちり頭に入れると、他の時制の活用は現在形を元にしていることが多いので、後はわりとすんなりいくこと間違いなし。

　私はどうしたかというと、まったく芸がないですが、暇があるとお経のように唱えて覚えました。je chante, tu chantes...。だまされたと思って、1日3つ、いや、3日、いや1週間に3つでいいですから、動詞の現在形の活用を、少なくとも毎日1、2回は声に出して発音しながら暗唱してみてください。3ヶ月たったら、無限にあると思っていたフランス語の動詞が、かなり規則的だったことに気がつくはず。適当に言ってみれば当たることも増えてきます。

　3つの動詞は、似たようなのも繰り返しもあり、ついでに簡単に意味も覚えるといいでしょう。たとえば、90％以上を占める -er 動詞は規則動詞ですが、違う -er 動詞もひとつと数えます。時間がないときには、aimer, parler, travailler と3つとも -er だってかまいません。venir も revenir も、prendre も comprendre も別々に数えます。昨日の復習も OK。小さな紙に書いたりして電車の中などで繰り返し見て暗唱しましょう。

　小さな紙、あるいは手帳に書いて時間があれば開いてみるのは、大学の時にモーリス・パンゲ先生という有名な先生に習った方法です。先生は、実際に自分の胸のポケットから手帳を出して見せてくださいましたが、そこには小さな几帳面な字で日本語の文がたくさん並んでいました。えらい先生がそんな地道な努力をなさっているのを見て、すごく励みになったのを覚えています。

　《Rome ne s'est pas faite en un seul jour.》ローマは一日にしてならず。がんばりましょう！

6
3文で書いてみよう

さあ、書こう！と意気込んでも、日本語でも、白い紙を前にすると何から書いていいかわからなくなってしまいますよね。そういうとき、自分で型を決めていると楽です。考えてみれば、日記は「出来事・したこと」「それについて感じたこと・考えたこと」でだいたいできあがっています。ですからこれを適宜組み合わて3つくらいあれば、それぞれの文は短くても十分日記らしくなります。4章、5章で見てきた表現も利用して、3文でいいから毎日フランス語で書いてみましょう。慣れるが肝心！です。

🖋 日常生活

■ **お弁当づくり**

Aujourd'hui, j'ai préparé le déjeuner pour ma fille en regardant des "deco-ben" dans une revue.
Je ne pourrai pas le faire tous les jours !
Cela prend du temps et c'est difficile à faire.

今日は娘のために雑誌の「デコ弁」を見てお弁当を作った。
今日だけだからいいけど。
時間はかかるし作るのも難しい。

■ **犬の散歩**

C'est dur de promener Pina à cause du froid.
Mais elle m'attend toujours avec tellement de joie que je ne peux pas lui enlever ce plaisir.
Après, je me sens mieux aussi.

寒いから、ぴなの散歩がつらい。
でも、ぴなはいつもすごく喜んで待っているのでやめるわけにはいかない。
散歩の後では、私も調子が良くなる。

■ **ガーデニング**

Aujourd'hui, j'ai arraché toutes les mauvaises herbes du jardin.
Je compte y mettre des oignons de tulipe.
Au printemps prochain, on pourra voir des fleurs de toutes les couleurs.

今日は庭の雑草をきれいにむしった。
そこにチューリップの球根を植えるつもりだ。
春になったら、いろんな色の花が見られるだろう。

いわゆる「お弁当」というのはフランスにはないので、préparer des sandwichs「サンドイッチを作る」のが普通です。ここでは「昼食を準備する」にしました。「〜しながら」「〜して」は接続詞や動詞の時制を考えなくてよいジェロンディフを活用しましょう（p.58参照）。「今日だけ」は、「毎日じゃない」「とても毎日はやれない」ということですね。難しくてフランス語にできないと思ったら発想転換しましょう。「〜するには…だ」は〈C'est＋形容詞＋à＋不定詞〉です。*C'est* beau *à* voir.「見る分には美しい」。*C'est* intéressant *à* écouter.「聞くのは興味深い」。

「〜するのは…だ」は〈Il est＋形容詞＋de＋不定詞〉、英語のIt is 〜 to...ですが、Il estにかわってC'estのほうがはるかによく使います。à cause de...は「〜のせいで」、悪い方の理由に使います。良い方の理由の「〜のおかげで」はgrâce à...です。tellement...que 〜は「とても…なので〜」（p.98参照）。英語のso... thatにあたります。se sentir bienは「気持ちよく感じる」、ここでは「（散歩をやらない）より気持ちがいい」ので比較級のmieuxにします。Et finalement ça me fait du bien à moi aussi.としてもいいでしょう。「ぴな」は私が飼っている犬の名です。

arracherは「（根こそぎ）引き抜く」の意で、歯を抜くときにも使います。「雑草」はフランス語では文字通り「悪い草」です。compterは「〜するつもりだ」で、不定詞をとります（p.93参照）。「球根」はoignon（オニオン＝タマネギ）と同じ単語です。あの形のものはoignonなのですね。「苗を植える」はrépiquer un plant（de...）、「種をまく」はplanter [semer] des graines（de...）、「木を植える」はplanter un arbre、「バラを植えた」ならJ'ai planté des rosiers.

■ ラッシュアワー

J'ai été obligé(e) de prendre le train à l'heure de pointe pour pouvoir assister au séminaire du matin.
Il y avait un monsieur qui lisait tranquillement son journal.
Ça m'a énervé(e). Il faut penser aux autres.

朝のセミナーに出席するために、ラッシュの時間に電車に乗らなくてはならなかった。
平気な顔して新聞読んでる人がいた。
頭にきた。他の人のことも考えて欲しい。

■ 見本市の立ち会い

Hier, j'ai été toute la journée à la foire d'Odaiba pour tenir le stand de ma comgagnie.
Il y avait du monde et je me sentais bien.
Mais en rentrant, j'ai senti soudain une profonde fatigue.

昨日は丸々お台場で一日見本市の立ち会いだった。
人がたくさん来てくれてやりがいがあった。
しかし、うちに帰ってどっと疲れが出た。

■ コンピュータがクラッシュ

Le disque dur de mon ordinateur est tombé en panne.
Il y avait des symptômes caractéristiques depuis quelques temps, un bruit bizarre par exemple.
J'aurais dû le copier.

コンピューターのハードディスクがクラッシュした。
変な音がしたりして、しばらく前から兆候はあった。
バックアップを取っておけば良かった。

「～せざるを得ない」はêtre obligé(e) de... です。「ラッシュアワー」はl'heure de pointe。ここではun monsieurと丁寧に言っていますが、un homme あるいはun mecでたくさんかもしれません。いや、かえって皮肉でいいか。もちろんtranquillementは「(他はどうでも自分は)心静かに」という皮肉です。他にも電車の迷惑な人はいろいろ。un garçon qui ne cède pas sa place「席を譲らない人」、une jeune fille qui se maquille dans le train「電車でお化粧する人」、un garçon qui écoute la musique trop fort「音漏れがうるさい人」、un mec qui sent mauvais「臭い人」、une dame qui a mis trop de parfum「香水がキツイ人」。

「見本市に行った」(やったこと＝複合過去)、人がたくさん来てくれて気分がよかった(状況＝半過去)、しかし「立ち会い」は一語では言えず、説明的になっています。「どっと疲れた(心底疲労を感じた)」は結果なので複合過去です。du mondeは人々をひとかたまりにして部分冠詞(量の冠詞)で表しています。他にdes gens, beaucoup de monde, beaucoup de gensなども使えます。en rentrantは〈時〉のジェロンディフ(p.58参照)で、書き換えるとquand je suis rentré(e)です。

tomber en panneは「故障する」ですが、Le disque dur est mort.「ハードディスクが死んだ」とも言いますし、近頃はコンピューター用語で英語の「クラッシュする」そのままのcrasherも使います。Le disque dur est crashé. cracherと真ん中のcをsにすると「唾を吐く」になるので注意。caractéristiques「特徴的な」はあってもなくてもいいですが、ハードディスクが故障するときによくあるといった意味です。後悔を表す「～すればよかった(つまりしなかった)」は条件法の過去にします(p.82参照)。J'aurais dû en faire une copie. でも可。

■ 仕事で褒められた

Le directeur m'a dit aujourd'hui que M.Takei de la Société A disait du bien de moi.

J'ai été étonnée parce que M.Takei me fait toujours des remarques désagréables.

Cela m'a donné du courage pour continuer.

部長に、今日、A社の武井さんが私を褒めていたといわれた。

びっくりした。だって、武井さんにはいつだって厳しい注意を受けていたから。

俄然やる気がでた。

■ 残業

Aujourd'hui, j'ai fait des heures supplémentaires.

Comme je n'avais plus le temps de préparer le dîner, on a mangé en ville.

Ce n'est pas tous les jours que ça arrive mais c'était pas mal.

今日は残業した。

帰って食事の支度をする時間がないので、外食した。

たまにはいいかも。

■ 再会

J'ai revu mon ex-petit ami à la soirée des anciens du groupe de tennis.

Il n'avait pas changé.

Ça m'a fait un drôle d'effet.

テニスサークルのOBOGパーティーで元彼に再会した。

変わってなかった。

なんだか変な感じだった。

Il m'a dit que...「彼は私に〜と言った」、間接話法の言い方です。直接話法に直すと、Il m'a dit : « M.Takei... dit du bien de vous. »。〈faire une remarque à＋人〉は「人に注意する」「指摘する」。〈dire du bien de ＋人〉で、「人を褒める＝人についていいことを言う」となります。parce que...は「〜だから」という理由を表す表現です。「やる気が出た」は「続ける勇気を与えてくれた」「そのことで続ける元気が出た」という表現にしてみました。Cela m'a redonné envie de travailler.「また働く気になった」などでもいいでしょう。

「残業」は、和仏辞典を引くと(du) rabiotが出てきますが、これは少し古く、工場労働者や兵役の追加期間に使う単語です。現在は、ここに書いたようにfaire des heures supplémentaires（余分な時間）やfaire du rabeを使います。あるいはJe suis resté(e) tard au travail.「会社に遅くまで残った」と言い換えましょう。commeはこのように文頭に使うと、「〜なので」という理由の節を作ることができます。「〜する時間」は〈le temps de＋不定詞〉、「de以下のことをする時間」と限定されているので定冠詞です。家で食べるのに対して、「外食」は「街で食べる」。Ce n'est pas mal.は「悪くない」よりもっと積極的に「よい」です。

OBOG会は「サークルの昔の仲間」。サークルはun cercleでも。les anciensはles anciens camaradesの意味です。「元〜」はexです。mon ex-mari（元夫）のように使われ、状況がわかっている会話では、単にmon exと言われたりします。Ça me fait...は「私に〜の影響を及ぼす」、Ça me fait du bien.「気持ちがいい（＝いいことを私にする）」、Ça me fait plaisir.「嬉しい（＝歓びをもたらす）」（p.76参照）、un drôle de...は「おかしな〜」です。

■ フランス語の授業

Aujourd'hui, j'ai appris le gérondif.
Ça a l'air plutôt facile et pratique.
Je vais l'utiliser pour écrire mon journal.
今日、ジェロンディフを習った。
わりと易しくて便利そうだった。
日記を書くのに使ってみようと思う。

■ レポートの締切

La date limite du rapport arrive bientôt.
Je lis pas mal de documents mais je n'ai pas encore commencé.
C'est précisément dans ces moments-là qu'on a envie de faire autre chose.
もうすぐレポートの締切だ。
かなり参考文献は読んだけど、まだ書いてない。
まさにこういうタイミングで、他のことがしたくなるんだよなあ。

■ もうすぐ試験

La semaine des examens arrive bientôt.
Le 25 janvier, je dois passer trois examens, y compris celui de français.
Il me reste encore à apprendre la conjugaison de 10 verbes.
Comment faire ?
もうすぐ試験週間だ。
1月25日には、フランス語を含めて3つ試験がある。
まだ動詞の活用10個、覚えてない。
どうしよう。

apprendreは「習得する」で結果に重きを置いており、étudierは「学ぶ」で仮定に重点があります。ですから、10年も英語を勉強（étudier）し続けて、できない（apprendreしていない）ということがありうるのです。その過程でJ'apprends le français.とJ'étudie le français.が同じ意味で使われることもあります。〈avoir l'air＋形容詞〉は「～のように見える」という表現です（p.80参照）。facile「易しい」はそのままだとただ「易しそう」になってしまうので、plutôtをつけて、「どちらかというと」「わりに」「まあまあ」といったニュアンスをつけ加えています。Je vais l'utiliserのl'（=le）はle gérondifを指しています。

「もうすぐ」は「まもなくやってくる」で表せます（p.91参照）。la date limiteは文字通り「締切日」「期日」です。la date butoirという語もあります。buter「ぶつかる」「突き当たる」の派生語で、車止めや（ドアの）戸当たりの意味もあり、とにかくどーんとそこでぶつかってしまう、先がないというイメージをよく表しています。Je n'ai pas encore commencé.はencoreの位置に注意しましょう。基本的に複合過去の時、副詞は助動詞avoirと過去分詞の間に入ります。〈pas mal de＋無冠詞名詞〉は「相当の」「かなりの」。dans ces moments-là「こういったときに」「こういった状況で」、似たような状況はひとつではないでしょうから複数にします。

passer un examenは「試験を受ける」です。「受かる」はréussir à un examen、「失敗する」はéchouer à un examenですが、passer un examen avec succèsとして過去形で書くと、「受かった」の意味になります。y comprisは「～を含めて」、ここではcelui (examen) de françaisを含めて。「私（女性）を含めて10人」の書き方はNous sommes dix, y compris moi / moi comprise 2通り。moiが前に置かれるとcomprisは性数一致してcompriseになります。Comment faire ?は「どうするべきか」、〈疑問詞＋不定詞〉で、Quand partir ?「いつ出発するべきか」、Où aller ?「どこへ行くべきか」のように「～すべきか」という疑問文を作ることができます。

■ 外食

Hier, j'ai dîné dans un restaurant espagnol avec mes collègues.
Ici, on mange bien et on est très bien servi.
J'adore les crevettes à l'ail [ajillo] et la paella à l'encre de seiche.
昨日は同僚とスペイン料理屋で夕食をとった。
このレストランは美味しくてサービスがいい。
エビのアヒージョとイカ墨のパエリア大好き。

■ ケーキ食べ放題

Je suis allée au Park Hotel avec Kana pour manger des gâteaux.
C'était à volonté, alors on en a mangé sept à toutes les deux.
Je crois que ça valait plus que ce qu'on a payé.
カナちゃんとパークホテルにケーキを食べに行った。
食べ放題で、2人で7つ食べた。
元が取れたと思う。

■ 餃子パーティー

Pour la première fois, nous avons organisé une soirée raviolis chez moi avec des étudiants chinois.
Liu-san, qui vient du nord-est de la Chine, savait très bien préparer les raviolis.
Les raviolis faits maison étaient délicieux.
中国人の留学生も一緒に、うちで初めて餃子パーティーをした。
中国東北出身の劉さんがとても上手だった。
手作りの餃子はとてもおいしかった。

美味しいレストランを人に紹介するとき、よく on mange bien と言いますが、gourmet（美食家）で gourmand（食いしん坊）のフランスでは、この表現は、美味しいだけでなくて量も多い所のようです。「サービスがいい」は on が主語になって「ちゃんとサービスされる」という言い方をします。これは、店で何かを買ってサービスされるのとは少し違って、テーブルで食べ物を供されるときに使う言い方です。イカの「墨」はやっぱりフランス語でも l'encre と言います！

「食べ放題」は他に à discrétion（好きなだけ）という表現もありますが、より丁寧な言い方です。discrétion「遠慮」という普通の意味からすると不思議…。こういうときには Le Petit Robert など語源から書いてある辞典が重宝します。最初に一番古い意味として「裁量＝決定する権力」とあり、à discrétion は「自分の裁量で」ということなのです。du pain à volonté「パン食べ放題」、Hier, j'ai bu à volonté.「昨日は飲みたいだけ飲んだ」。à toutes les deux は「2人して」。On vit à deux.「2人で暮らす」。valait は動詞 valoir「価値がある」、つまり、払ったものより価値があった＝元が取れた、となります。

外来語は男性名詞にするのが普通で、un kimono, un tatami, un sushi など、日本関係の単語も男性名詞がほとんどです。パスタ（des pâtes）関係にはイタリアから来た単語がいくつもあります。パスタは普通、1本で食べるということはないので、イタリア語の複数形の -i で終わる des spaghetti, des macaroni, des ravioli という形を用います。さらに -s をつけた des spaghettis などの形も容認されています。フランスの日常生活では、日本ほどパスタの種類を言うことはあまりなく、des pâtes とひっくるめて言う方が一般的です。友だちのうちで、《 On va manger des pâtes pour le déjeuner ? 》と言われて、出てきたのはスパゲッティでした。

■ コンビニ弁当

Faute de temps, j'ai acheté un obento à la supérette.
C'est vrai qu'ils sont bien meilleurs qu'avant.
Mais quand on achète à manger dans une supérette, il ne faut pas s'attendre à autre chose.
今日は時間がなくて、コンビニでお弁当を買った。
前よりずいぶん美味しくなった。
でも、でもコンビニ弁当はコンビニ弁当だ。

■ 掃除機の説明

Je suis allé(e) acheter un aspirateur chez Yodobashi Camera.
Je n'arrivais pas à choisir parmi les nombreux appareils puissants et silencieux.
Alors un vendeur est venu m'expliquer tout ce qu'il fallait savoir.
ヨドバシカメラに掃除機を買いにいった。
強力で静かなのがたくさんあって、選べなかった。
そこへひとりの店員さんが来て、必要なことを全部説明してくれた。

■ ショッピング

Aujourd'hui, je suis allé(e) faire des achats au centre commercial à Inage.
Le beau pantalon que je voulais était heureusement en solde.
J'ai fait une bonne affaire.
今日、稲毛のショッピングセンターに買い物にいった。
欲しかったパンツがバーゲンになっていた。
いい買い物をした。

〈faute de ＋無冠詞名詞〉は「～がなくて」「～がなければ」。*Faute de* gomme, elle a barré ce qu'elle avait écrit.「消しゴムがないので、書いたものに線を引いて消した」、*faute de* goût「センスがない」、*faute de* preuves「証拠不十分」。フランスには24時間あいている便利なコンビニはありませんが、ちょっとした日常品を売っているのは une supérette（小さなスーパー）です。3つめの文は、「でも、コンビニで食べ物を買うなら、他のことを期待してはいけない」が直訳です。1行目で「弁当」と言っているので、この場合は「食べ物」＝「弁当」です。

2文目 arriver、自分がそういう「状態にいた」という状況説明の半過去になっています。その時救世主のように店員が「やってきた」のは動作の複合過去。電話、カメラ、掃除機などは全部 appareil です。tout ce que... は「～のすべて」、que は ce を先行詞とする関係代名詞で「必要であることすべて」。Je te donnerai *tout ce que* tu veux.「あなたが望むものはすべてあげよう」。あるいはそれが後ろの文の主語であれば tout ce qui と qui を使います。J'ai fait *tout ce qui* était nécessaire.「必要なことはすべてやった」。

「買い物をする」は faire du shopping とも言えます。食品などの日常の買い物は faire des courses.「ショッピングセンター」は un centre commercial。3行目の展開としては、J'ai longtemps hésité, mais je ne l'ai pas pris.「ずいぶん迷ったけどやめた」、J'ai été choqué(e) parce que je l'ai acheté au prix normal.「ショックだった、私は定価で買ったから」などが考えられます。「いい買い物をした」は C'était une affaire. も可能です。

■100円ショップ

Il y a une boutique à 100 yens à l'aéroport de Chitose.
Il paraît que les touristes chinois adorent y aller.
En effet, il y a tout ce qu'on veut à 100 yens !

千歳空港には100円ショップがある。
中国からの観光客は大好きらしい。
確かに、100円で何でもあるものねえ。

■インタビュー番組

J'ai vu une interview de IU, une chanteuse coréenne.
Elle a été élevée par sa grand-mère et elle était très pauvre.
Mais elle ne s'est jamais plainte et n'a jamais renoncé à son rêve.
Je l'admire.

韓国の歌手、IUのインタビューを見た。
おばあちゃんに育てられて、とても貧乏だった。
でも、決して文句は言わず、夢をあきらめなかった。
素晴らしいと思う。

■Facebook

Mon amie Véronique est allée dans une île thaïlandaise.
Elle met des photos de paysages paradisiaques tous les jours sur Facebook.
Elle a de la chance.

友だちのヴェロニクがタイの島に行ったらしい。
毎日天国のような写真をFacebookにアップしている。
うらやましいなあ。

Il paraît...「～らしい」は伝聞の言い方です。「思われる」のil semble... とは違うので注意してください。「人から聞いた」ということでOn dit que... という言い方もあります。2行目の...les touristes chinois adorent y aller.のyは前出の「千歳空港にある100円ショップに」という場所を示す中性代名詞です。en effetは「実際」「確かに」といった意味で、ここでは、「そうだよねえ」というニュアンスを出しています。

「インタビューする」にはinterviewerという動詞もあります。どちらも英語から来たものです。une interview exclusive「独占インタビュー」、une nouvelle「ニュース」、les informations「（テレビなどの）ニュース」、un bulletin d'information「時事番組」、un film documentaire「ドキュメンタリー（記録映画）」などの用語もチェックしておきましょう。「不平を言う / 文句を言う」はse plaindre、「～をあきらめる」はrenoncer à... です。admirerは「すごいと思う / 賞賛する」の意です。その他、「～に感動する」にはêtre touché(e) de...、être impressionné(e) par... があり、涙が出るほど感動したときはêtre ému(e) de... を使います。

タイの島は複数あるので、そのうちのひとつ、というのでune îleになっています。「うらましい」はenvierで、Je l'envie. とも言えますが、ここでは「ラッキーだなあ」にしました。J'aimerais être à sa place!「彼女になりたい」でも可。FacebookのようなSNSで使う用語、une inscription「登録」、un mot de passe「パスワード」、une connexion「ログイン」、les coordonnées「連絡先情報」、les lieux de résidence「住んだことのある場所」、retrouver des amis「友だち検索」、Exprimez-vous ?「今どんな気持ち？」、mettre une photo sur FB「写真をアップする」、le fil d'actualité「ニュースフィールド」、publier「投稿する」、modifier「編集」なども覚えておくと便利です。

■ iPadの新製品

Le nouvel iPad est sorti.

Il est léger et a l'air bien.

Mais c'est peut-être du gaspillage parce que le mien marche encore parfaitement.

iPadの新しいのが出た。

軽くて良さそうだ。

でも、今のも使えないわけじゃないからもったいない。

■ 迷惑メール

Je reçois beaucoup de spams sur mon portable.

Apparemment, le filtre ne sert pas à grand-chose.

Je vais probablement changer d'adresse.

携帯電話にスパムがたくさん来る。

見たところ、フィルターはあんまり役に立っていないようだ。

多分、アドレスを変えると思う。

■ 本棚の整理

Aujourd'hui, j'ai rangé les étagères à livres.

Les livres se multiplient sans qu'on s'en aperçoive.

Cela m'a pris du temps mais je suis content(e) de les voir bien rangés.

今日は本棚の整理をした。

本はそれと気づかないうちに増える。

大仕事だったが、きれいに整理されているのを見て嬉しい。

「出る」は日本語と同じでsortirです。新しい映画や本が出たときに使えます。「よさそう」はavoir l'air bien。avoir l'airは何となくそんな雰囲気、感じといったときに使える便利な表現です（p.80参照）。le mien（私のもの）=mon iPad、同じ名詞を使わないためにフランス語は代名詞や他の名詞での言い換えを多用します。原形のle sienは対象名詞によって性数があり、冠詞ごと変化します。シンプルな表現にするために、「使えないわけじゃない」を「まだ完璧に動く」、また「もったいない」をgaspillage「無駄づかい」としています。知っている表現だけで書くには、こんな発想の転換も！

servir à...は「（〜の）役に立つ」。grand-choseは無冠詞で、否定文のみに用いられます。Hier, je n'ai pas fait *grand-chose*.「昨日は大したことはしなかった」。un spam「スパム」は英語から来ています。3文目のchangerは、ただ「変える」「変更する」であれば、J'ai changé le programme.「プログラムを変えた」のように直接目的語をとりますが、同種の別のものに移行する時にはchanger de...を使います。*changer de* robe pour sortir「出かけるために着替える」、*changer de* direction「方向転換する」、*changer d'*avis「意見を変える」、*changer d'*attitude「態度を変える」。

une étagèreは棚のことです。本用なので、ここでは用途を表す前置詞のàにlivresをつけています。このようなàの使い方をするものには、une tasse à café「コーヒーカップ」、une brosse à dents「歯ブラシ」、un papier à lettres「便箋」などがあります。Cela m'a pris du temps...はC'était long...でも可。「大仕事」は重労働だったという意味と、延々とかかるという意味と両方あると思いますが、本棚整理なので後者にしました。sans...は「〜なしで」「〜せずに」という意味です。

■ 筋肉痛

Hier, on est monté au sommet du mont Takao.
Le ciel était bleu et l'air était pur. C'était agréable.
Mais comme il fallait s'y attendre, j'ai des courbatures aux jambes aujourd'hui.

昨日、高尾山の山頂まで登った。
空は青く、空気は澄んで、気持ちがよかった。
でもそうなるだろうと思った通り、今日は脚が筋肉痛だ。

■ 風邪をひいた

J'avais mal à la gorge au réveil et je me sentais fiévreux(se).
J'ai dû attraper froid hier au gymnase, c'était glacial.
Je vais prendre un médicament et rester au lit.

朝起きたら喉が痛く、熱っぽかった。
昨日、寒い体育館で冷えたのがいけなかったのだろう。
薬を飲んでおとなしくしていよう。

■ 歯医者

Aujourd'hui, on m'a arraché une dent de sagesse.
Contrairement à ce que je croyais, il a fallu plus d'une heure.
J'ai eu tellement mal que j'ai pleuré.

今日、歯医者で親知らずを抜いた。
予想に反して１時間以上かかった。
あまりに痛くて涙が出た。

「〜山」はle mont...で le mont Fuji, le mont Everestとなります。空と空気の話、および気持ちがよかったことは、山登りをしたという〈動作〉の〈背景〉〈状況〉なので半過去にします。agréableの代わりに、vivifiant「活力を与える / 元気づける」なども使えます。s'attendre à...は「〜を予期する」「そうなるだろうと思う」という意味です。「筋肉痛」は、une courbature。一箇所ではないので複数です。形容詞 coubaturéを使って、Je suis courbaturé(e) aujourd'hui.「今日はあちこち痛い」ということもできます。

ひとつめの文はJe me suis réveillé(e) avec un mal de gorge.でも可。熱がある」はavoir de la fièvreとも言います。「風邪をひく」は、英語のcatch coldと同じattraper froidのほかに、un rhume「風邪」を使ったattraper un rhumeもあります。風邪をひいている状態はêtre enrhumé(e)、鼻が詰まっているのはavoir le nez bouché、「鼻風邪をひいている」はavoir un rhume de cerveau (脳みその風邪！)。でも、鼻から目が熱っぽくなっている感じは確かに脳 (前頭葉) かもしれません。

arracherは「引き抜く」で、雑草、髪の毛、歯など根のあるものを力を入れて引き抜くときに使います。enleverは「除去する」「取り除く」という意味での「抜く」です。enleverは雑草だったら除去するという意味で、その他、鼻毛を抜く、シミを抜く (消す) などに使います。歯医者さん関連ではJe me suis fait soigner une carie.「虫歯の治療をした」、une parodontite「歯周病」、une correction dentaire「歯列矯正」、un appareil dentaire「歯列矯正器具」などの用語や表現も使いそうですね。「歯石を取ってもらった」は使役動詞faireを使ってJe me suis fait enlever du tartre chez le dentiste. です。

■ ワンピースの染み

Il est resté une tache sur ma robe préférée.
J'aurais dû la donner au pressing plus tôt.
Je ferai attention la prochaine fois.
お気に入りのワンピースに染みが残った。
もっと早くクリーニングに出すべきだった。
今度から気をつけよう。

■ 新しい友だち

J'ai rencontré une amie de Mari à un banquet amical.
C'est une jeune fille à l'air prétentieux, mais en fait très ouverte.
Elle aimait le kabuki comme moi et on a eu une conversation très intéressante.
コンパでマリの友だちに会った。
一見、つんつんした子だったが、本当はとても感じがよかった。
彼女も私同様に歌舞伎が好きで、すごく盛り上がった。

■ フランス語で日記

Ça fait quinze jours que je tiens mon journal en français.
La plupart des phrases sont simples et enfantines.
Mais je crois que je fais des progrès petit à petit.
フランス語で日記をつけ初めて２週間になる。
ほとんどの文は単純で子供っぽい。
でも少しずつ進歩していると思う。

「〜が残った」は非人称のilを主語にしていますが、染みを主語にしてUne tache est restée.でもいいです。「お気に入りの〜」はpréféréの他にfavoriも使えます。「〜すべきだった」と、やらなかったことを後悔するのは条件法過去を使った〈J'aurais dû＋不定詞〉（p.82参照）です。便利なのでこのまま覚えてしまいましょう。「〜できたのに」は〈J'aurais pu＋不定詞〉。「クリーニング」はフランスでは水洗いのune blanchisserieと、もともと染物屋だったドライクリーニングune teinturerie (le nettoyage à secのほうが一般的) がありますが、近頃はle pressingを使うことが多いようです。

単に「出会った」と書きましたが、マリに紹介されたなら、Mari m'a présenté une jeune fille...とすることもできます。また、「感じの悪い子」はune jeune fille qui m'a semblé prétentieuseでもいいでしょう。そうしたら、2文目はMais en parlant, nous avons sympathisé toutes les deux.「でも話すにつれて、お互いに感じがいいと思い始めた」（人の性格についての表現はp.124参照）。3文目は他に、On a bien discuté.「よくしゃべった」や、On a passé un bon moment.「楽しい時間を過ごした」、on a pris plaisir à bavarder ensemble.「一緒に楽しくおしゃべりした」なども考えられます。

tenirは「つかまえておく」。Il m'a tenu(e) une heure.「彼は私を1時間も引き留めた」というように、じっとそのままにしておく、保っておくことを表す動詞です。Je tiens ma promesse. Je tiens ma parole.など「約束を守る」時にも使います。la plupart de...は「〜の大多数」「ほとんどの〜」という表現で、定冠詞付きの決まった何か（この場合は文章＝les phrase）とくっついてla plupart des...になります。petit à petitは「少しずつ」。他に、「徐々に」「だんだんに」というau fur et à mesureという表現もあります。

🖊 趣味　旅行

■ 映画

Aujourd'hui, Satoko et moi sommes allées voir le film *Les Saveurs du Palais*, l'histoire de la cuisinière du Président Mitterrand.
Les plats qu'elle a préparés semblaient très appétissants.
J'aurais voulu les goûter moi aussi.

今日はサトコと、ミッテラン大統領の料理人の物語、『大統領の料理人』を見に行った。
主人公が作る料理はすごく美味しそうだった。
私も味わってみたかった。

■ レンタルビデオ

J'ai loué *Black Swann* chez Tsutaya.
Quand il est sorti, je l'ai raté.
Je vais le regarder demain soir avec ma mère.

TSUTAYAで『ブラック・スワン』を借りた。
封切られたときに見逃してしまったのだ。
明日の晩、お母さんと見よう。

■ 展覧会

Nanako m'a invité(e) à son exposition de peinture.
Je ne savais pas jusqu'aujourd'hui qu'elle était si douée.
J'ai découvert une nouvelle Nanako.

奈々子が自分の絵の展覧会に誘ってくれた。
今日まで、どれほど彼女が才能豊かか知らなかった。
新しい奈々子を発見した。

le filmと映画のタイトルは同格なので、映画は定冠詞になっていますが、「映画を見に行った。タイトルは〜」であれば、aller voir un film : «...»のようになります。l'histoireもle filmと同格です。ジャンルとしての映画はle cinéma, 作品はun film, 同様に「劇場」はle théâtre, 作品としての「劇」はune pièce (de théâtre)。「〜に見えた/思えた」はsembler, avoir l'air（p.80参照）も使えます。「〜したかった」は過去にしなかったことを残念に思っている表現〈J'aurais voulu＋不定詞〉（p.82参照）、便利なのでこのまま覚えてしまいましょう。

「借りる」には2通りあります。無料で借りる場合はemprunter、有料で借りる場合はlouerです。また、「貸す」はprêterを使います。J'ai emprunté une voiture à un ami.「友だちに車を借りた」、J'ai emprunté mille yens à Tomo.「トモに1000円借りた」、J'ai loué une voiture.「車を借りた（レンタカー）」。louerの名詞はlocationです。C'est une voiture de location.「これはレンタカーだ」、Nous sommes en location.「借家住まいだ」、J'ai mis la voiture au parking de location à l'heure.「時間貸しのパーキングに車を入れた」。

「〜まで（ずっと）」はjusqu'à...。形容詞doué(e)の代わりに、talentueux(se), original(e), intéressant(e)なども可能です。originalについてはちょっと注意、日本語で「オリジナリティーがあるね」といえば褒め言葉ですが、フランスでは褒めようがないときにもC'est original.と言うのです。「新しい奈々子」はune nouvelle Nanako. 常に定冠詞と思われているle soleil「太陽」も、un beau soleil, un soleil magnifiqueのように形容詞がつくと「le soleilの中のこういう（ひとつの）」といった意味でunになります。

■ ディズニーランド

Je suis allée à Disneyland avec M.
Sous la pluie, on a fait la queue partout, mais avec lui tout était amusant.
Je suis rentrée très heureuse.
M君とディズニーランドに行った。
雨の中、たくさん並んだけど、彼となら何でも楽しい。
ハッピーで帰宅した。

■ スキー

Je suis allé(e) faire du ski à Niseko.
Ça fait trois ans que je n'en avais pas fait.
Il m'a fallu du temps pour reprendre mes habitudes.

友だちとニセコにスキーに行った。
3年ぶりだった。
勘を取り戻すのに時間がかかった。

■ 温泉旅行

Mes collègues et moi sommes descendus dans une station thermale de Hakone.
Dans la journée, nous avons fait une montée en téléphérique, et le soir, nous avons pris un bain tranquillement et après, nous avons goûté des plats délicieux.
L'onsen m'a permis de me détendre. J'adore l'onsen.
同僚と箱根の温泉に行った。
昼間はロープウェイに乗り、夜はのんびりと温泉に入って美味しいものを食べた。
温泉のおかげでストレス解消になった。温泉大好き。

「雨の中で」はsous la pluie, フランス語では「雨の下」なのですね。確かに雨は上から降ります。同様にsous la neige「雪の中で」です（p.18参照）。「列を作る」はfaire la queue。partoutは「あっちでもこっちでも」の意味です。C'était la meilleure sortie que j'aie jamais faite avec lui.「今まで彼と行ったデートの中で一番楽しかった」（最上級なのでqueの後は接続法をとります）と言うこともできます。La prochaine fois, j'aimerais aller aussi à Disneysea.「今度はディズニーシーも行きたいなあ」なんていうものいいですね。

2文目の直訳は「スキーをしなくなって3年がたつ」、〈Ça fait＋期間＋que...〉で、「〜してから…たった」という表現です（p.65参照）。faireはこの場合、計算の値を示し、Un et un *font* deux.「1+1=2」などの計算や、店で複数のものを購入してÇa *fait* combien ?「全部でいくら？」といったときに使います。「勘を取り戻す」は、ここでは意味を取って簡便に「習慣を取り戻す」にしましたが、昔できたことを再びできるようにするという意味なので、pour me rappeler comment on fait（どんな風にしていたか思い出すために）とすることもできます。

「温泉に行く（泊まる）」はdescendre dans une station thermale、ホテルに泊まるときはdescendre dans un hôtel。日本語で「投宿する」と言いますね、あれです。箱根にはいくつも温泉があるので、そのうちのひとつということでune stationと不定冠詞です。「ストレスがある」はJe suis stressé(e)、「ストレスがたまっている」はLe stress s'accumule.です。3文目は、Je me suis sentie libéré(e) de mon stress de ces derniers jours.「このところのストレスから解放された気分だった」なども良いでしょう。行為は複合過去で行った順番に列挙します。

四季のできごと

■ 新年の抱負

Le jour de l'An, la nouvelle année commence.
Dès aujourd'hui, je commence à tenir mon journal en français.
Cette fois-ci, je prendrai l'habitude d'écrire même trois lignes.

1月1日、新しい年の始まりだ。
今日から日記をフランス語でつけ始める。
今度こそ、少しずつでも続けていこう。

■ 大学入試センター試験

Aujourd'hui, c'était le premier jour des examens du Centre.
Shota n'avait pas l'air d'avoir bien dormi.
J'ai attendu son retour avec inquiétude.

今日はセンター試験の1日目だった。
翔太はよく眠れた様子ではなかった。
帰ってくるのをハラハラして待ってしまった。

■ 誕生日

Aujourd'hui, c'était le jour de mon anniversaire.
Dans l'année, on a deux jours où on peut repartir à zéro : le 1er janvier et son anniversaire.
Je me promets aujourd'hui de faire désormais sérieusement un régime.

今日は誕生日だった。
一年のうちには、人はやり直せる日が2日ある。1月1日と誕生日だ。
今日、これからは真面目にダイエットすると誓うぞ！

le jour de l'An「元旦」は、le premier de l'An（年の最初の日）という表現もあります。dès...は「〜からすぐに」、明日を待たずにすぐに、というニュアンスです。même trois lignesのmêmeは「〜でさえ」「〜でも」という強調。trois lignesは具体的に3行を表すのはもちろんですが、「ほんのちょっと」の意でも用いられます。La gare est à *trois* pas d'ici.「駅はここからすぐそばだ」。3文目は、「約束を守るぞ」という意味で...je tiendrai ma promesses même pour trois lignes. と言い換えることもできますし、「やめないぞ」ならば、... je ne laisserai pas tomber. とも言えます。

「試験」には2種類あります。能力を測るun examenと、順番がついて、定員があればしかるべきところで切られてしまうun concoursです。センター試験はun examenですが、入学試験はun concours d'entréeです。ピアノのコンクールなども順位が決まるのでconcoursなのです。「〜な様子」は〈avoir l'air＋不定詞〉（p.80参照）で、「眠る」が時間軸ではひとつ前の出来事なので、複合形になっています。ハラハラは「心配して」と読み換えました。「ドキドキする」はavoir le cœur qui bat、日本語と同じですね。

お誕生日のメッセージでも「これから1年、幸せでありますように」と書くように、誕生日は気持ちを切り替えられる日でもあります。「ゼロからやり直す」は他に、On peut tout remettre à plat. とも言えます。「〜に…を誓う」は〈promettre＋人＋de...〉で、ここでは自らに誓うので代名動詞になっています。désormaisは「これからは」。過去の文では「その時から」「それ以来」になります。Elle s'est cassé une jambe. *Désormais*, elle a du mal à sortir. 「彼女は脚を折った。以来、外に出るのが難しい」。

■ お花見

On est allé admirer les cerisiers en fleurs à Chidorigafuchi.
Les branches se reflétaient dans l'eau et étaient magnifiques.
Parmi toutes les fêtes traditionnelles, c'est celle que je préfère.

千鳥ヶ淵にお花見に行った。
花が水に映って素晴らしかった。
あらゆる伝統行事の中で、お花見が一番好きだ。

■ 友だちの結婚式

Aujourd'hui, c'était le mariage de mon amie Marie.
Tous ses amis se sont réunis pour assister à la cérémonie.
C'était comme une réunion d'anciens élèves.

今日は友だちのマリエの結婚式だった。
友だちがみんな、式に出席するために集まった。
まるで同窓会のようだった。

■ 花火

Nous sommes allés voir les feux d'artifice sur les bords de la Sumida pour la première fois.
Il y avait tellement de monde qu'on était serré comme des sardines.
Mais j'ai bien fait d'y aller parce que je n'en ai jamais vu d'aussi beaux.

初めて隅田川の花火を見に行った。
人が多くて身動きが取れないほどだった。
でも、行ってよかった。こんなにきれいなのは見たことがなかったから。

「お花見」は、「花を観賞する」としました。aller voirでもちろん大丈夫です。refléterは「映す」「照りかえす」の意で、un miroir qui *reflète* le tableau「絵を映し出す1枚の鏡」のように用いる他動詞です。ここでは、「水に映し出される」se refléterと代名動詞になります。表面なのですから、日本語の感覚だとsur l'eau（水の上に）とやりたいところですが、フランス語ではdans l'eau（水の中に）です。水面に何かが落ちたりしたときにできる輪を、des cercles *dans l'eau*と言います。2文目は様子の描写なので半過去です。

「集まる」はse réunir。Je *réunis* quelques amis chez moi.「うちに友だちを呼ぶ」の他動詞réunir「集める」を代名動詞を使って「集まる」とします。お祝い事の式はune cérémonie、キリスト教では、結婚式の他に、子供の洗礼式une cérémonie de baptême（あるいは単にun baptême）があります。「茶道」une cérémonie du théにも用いられます。フランス人から見たら、茶道は儀式なのですね。フランス人はあまり学校の同窓会というのはやらないようですが、卒業生のことをun(e) ancien élèveと言います。

「xx回目」はpour la xxème fois、「初めて」はpour la première foisです。2文目の〈tellement ～ que...〉は、〈英語のso ～ that...〉と同じ「とても～なので…」です（p.98参照）。 être serré comme des sardines、ぎゅうぎゅう詰めは缶詰のオイルサーディンにたとえられます。過去にした行為を肯定する「～してよかった」は〈J'ai bien fait de＋不定詞〉、J'*ai bien fait d*'apporter un parapluie.「傘を持ってきてよかった」のように使われます。最後の部分は、... je n'ai jamais vu d'aussi beaux feux d'artifice.を中性代名詞enを使って書き換えています。

■ お盆

Je suis retourné(e) chez mes parents pour passer Obon.
Ma mère et moi, nous nous sommes recueilli(e)s sur la tombe de nos ancêtres.
Je me suis rappelé(e) que ma mère me grondait toujours parce que j'attrapais des sauterelles au cimetière.

お盆を過ごすために実家に帰った。
母とお墓参りに行ってきた。
いつもお墓でバッタを捕まえて怒られていたのを思いだした。

■ 台風

Un typhon géant a ravagé les Philippines.
Il y a eu plus de cinq mille morts.
La nature est partout en colère.

巨大台風がフィリピンを襲った。
5000人以上の死者が出た。
あっちでもこっちでも自然が怒っている。

■ 七五三

Aujourd'hui, c'était la fête de Shichigosan pour ma nièce Nana.
Elle a porté le kimono que j'avais porté moi-même et qui venait de ma mère.
Comme cadeau, je lui ai donné de l'argent dans une petite enveloppe.

姪のナナの七五三だった。
母から私に譲られた着物を着た。
お祝いをポチ袋に入れてやった。

「実家」は「故郷」を表す mon pays natal も使えます。その場合は、dans mon pays natal。「お盆」はフランスにはないので、そのままローマ字にしてありますが、説明的に la fête bouddhique pour honorer ses ancêtres [pour le retour des ancêtres]（仏教の死者の祭）、la fête bouddhique qui accueillent ses ancêtres（仏教の先祖を迎える祭）と書くこともできます。また、わりと通りがいいのは、フランスでは11月1日、だれもがお墓参りにいく万聖節（諸聖人の大祝日）la Toussaint を使った la Toussaint japonaise です。これを言えば、その日に日本人が何をするのかすぐわかるようです。se rappeler は「思い出す」、se souvenir も使えます。お墓でバッタを捕まえるのが好きだったというのは、私自身の思い出です。

ravager は「大損害を与える」という意味で、des désastres naturels「自然災害」や une guerre「戦争」などの被害に使われます。また「（心身を）すさませる」という意味で日常生活の中でも使います。des mesures contre les désastres naturels「災害対策」、un incendie de forêt「山火事」、un tremblement de terre「地震」などもチェックしておきましょう。〈être en ＋名詞〉は「〜の状態にいる」という意味です。Je suis en retard「遅れている」、Je suis en（pleine）forme.「健康状態がいい（元気そのもの）」、Je suis en plein rêve.「夢見るまっただ中」。

「七五三」は、la fête pour les garçons de trois et cinq ans et les filles de trois et sept ans と文字通りの表現にするか、la fête pour célébrer la santé des enfants のような意味の説明にすることもできます。「母から私に譲られた」は、「私自身が着た、母からの着物」としてみました。小さい袋という意味では un sachet という語があり、un sachet de thé「ティーバッグ」、un sachet de lavande「ラベンダーの匂い袋」、un sachet de bonbons「1袋のキャンディー」などに使われますが、ポチ袋は形から言って封筒なので、dans une petite enveloppe にしました。

■ 初雪

Quand je me suis levé(e) ce matin, toute était couvert de neige.
Je suis parti(e) plus tôt que d'habitude pour éviter la foule.
C'était très beau à voir, mais toute la ville était désorganisée à cause de cette première neige.

朝起きたら、あたり一面真っ白になっていた。
人混みを避けていつもより早く出た。
見る分にはきれいだが、しかし、初雪のおかげで町中大混乱だった。

■ 忘年会

Hier c'était la fête de la fin d'année.
On est allé jusqu'au karaoké pour la deuxième partie de soirée.
Voilà, on laisse cette année derrière nous.

昨日は忘年会だった。
二次会のカラオケまで行って盛り上がった。
これで年忘れだ。

■ 大晦日

Pour le réveillon de la Saint-Sylvestre, toute la famille s'est réunie.
On a mangé un sukiyaki, comme chaque annee, et regardé le Kohaku.
À minuit, maman a préparé des nouilles pour passer l'année.

大晦日に、家族が集まった。
いつものすき焼きを食べ、紅白を見た。
そして真夜中にお母さんが年越しそばを作ってくれた。

être couvert(e) de... は「〜に覆われる」。雪の他に la poussière「ほこり」、la boue「泥」など、様々なものに使えます。Les meubles *sont couverts de* poussière.「家具はほこりで覆われていた」。C'était très beau à voir. は〈à＋不定詞〉が、直前の形容詞を修飾する使い方です。Je suis prêt(e) *à* partir.「出かける用意ができている」。「〜のせいで」は à cause de...。また、この最後の文は雪を主語にして Cette première neige a créé plein de perturbations en ville. も可です。

フランスでは年末はなんと言ってもクリスマス、数日にわたってお祝いをするので les fêtes と複数でいうこともあります。二次会という言い方はないので、「パーティーの第二部」という言い方にしてみました。laisser は、「（後ろに）残す」「置いていく」の意味で、oublier（忘却）ではなく、laisser son parapluie au cinéma「映画館に傘を忘れる」というような意味での「忘れる」に使います。年忘れは、今年を後ろに置き去りにするのです。

Le réveillon de la Saint-Sylvestre は、12月31日から1月1日にかけて、夜中に新しい年の到来をお祝いするものです。キリスト教徒の人たちは教会で真夜中のミサに出席します。夜中の12時になると、周りの人たち誰にでもキスをしていいことになっています。sukiyaki の冠詞が un なのは、次々材料をつけ加えますが、その手順ひと通りを「1回」としたからです。「年越し」はなかなか難しくて、いろいろな説明的な言い方ができますが、ここでは「ひとつの年から次の年に渡っていく」イメージで書きました。(une) nouille は細長い麺をひとくくりに言います。1本では食べないので、普通、スパゲッティと同じで複数で言います。もっと細いそうめんやはるさめなどは des vermicelles となります。

コラム　冠詞の話

■ 冠詞はイメージで考えよう

　冠詞は、そもそも冠詞が存在しない日本語を母語とする日本人に一番ピンと来ないものでしょう。開き直って何となく適当に付けてしまうのもいいかもしれませんが、次のような所を押さえておくと、少しわかってくるかもしれません。

　フランス語では、名詞自体が数えられる名詞、数えられない名詞というような区別を持っているのではなく、使う人がその名詞を〈数〉で考えているか、〈量〉で考えているか、それとも〈質〉（それ以外のものではない）と考えているかによって区別します。

名詞を数、量、質のイメージで分けたとき、名詞の前に付ける語

その名詞を思い浮かべるイメージ	数	量	質
名詞につく語	不定冠詞 un, une, des 数に関する表現 deux, dix..., beaucoup de, *etc.*	部分冠詞 du, de la 量に関する表現 beaucoup de, un peu de, un litre de, un kilo de, *etc.*	定冠詞 le, la, les 所有形容詞 mon, ma, mes, ton, ta, tes... 指示形容詞 ce, cette, ces

　まず、不定冠詞（un, une, des）は、その名詞を数でイメージしたときに付けます。1つ（un, une）、あるいは複数だけれど数がわからないなら、いくつか（des）。具体的な数がわかっているなら冠詞の部分は deux, trois, quatre というような数詞になります。

　また、部分冠詞 (du, de la) は、その名詞を量でイメージしています。飲み物を飲むときはもちろん（例: du café, du vin）、肉、魚、チーズなども、食べるとき、丸々1匹、丸々1個でない限り、部分冠詞です（例:

de la viande, du poisson, du fromage）。

　定冠詞（le, la, les）はそのものの質が問題になっています。たとえばJ'aime *le* café.の定冠詞leは、味や香りなどのあらゆる要素が「コーヒー以外のものではない」ことを示しています。

■ どんな名詞でもいろいろな冠詞が可能

「リンゴ」を例にとってみましょう。

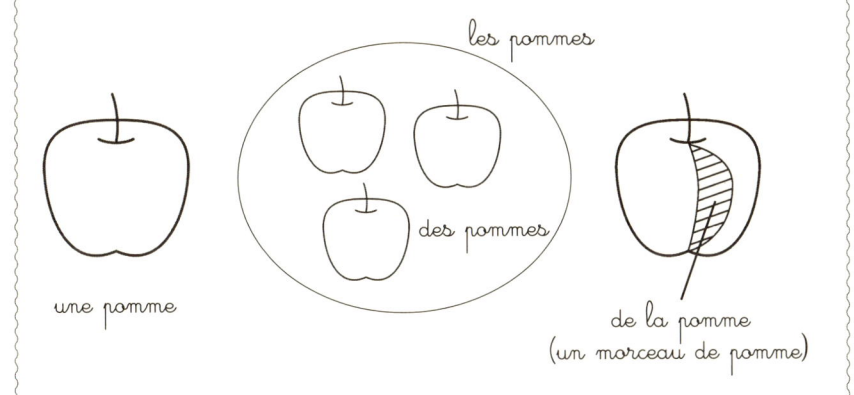

une pomme

les pommes
des pommes

de la pomme
(un morceau de pomme)

　こんな風に、リンゴも「状態」によっていろいろな冠詞をとるのです。他にも、たとえば卵も、1つ、2つ、と普通は数えます。でも、いくつか卵を使ってスクランブルドエッグを作り、家族で分けたらどうでしょう。あるいは、お菓子作りで、1つの卵を割って、その一部分を（白身だけとか、半分とか）使ったらどうでしょうか。卵にも部分冠詞が可能になるのです。

　このように、フランス語では、冠詞を英語のように、数えられる名詞、数えられない名詞と、名詞の性質によって決めるのではなく、その名詞を頭の中でどのようにイメージしているか、どのように使いたいかによって決めるのです。

索引

この本で使った主な表現やパターンの中で参照できるページを記してあります。

あ

（〜を）あきらめる	renoncer à... 42, 43, 150, 151
味	【表現ストック】料理の味 126
（…に〜を）与える	donner 〜 à... 44, 45, 109, 113, 130, 142, 143, 156, 166
集まる	se réunir 164, 165, 168
あまりに〜なので…だ	si... que... 98
	tellement... que... 98, 138, 139, 154, 164, 165
	assez... pour... 98, 99 ／ trop... que... 98, 99
雨	pluie 囡
	【表現ストック】天気 102
危うく〜しそうになる	faillir ＋不定詞 68, 107
（自分の〜を）洗う	se laver
	【表現ストック】朝食／出かける準備 104
（〜で）ありますように	J'aimerais... 95, 151, 161
歩いて	à pied 35, 36
アルバイトする	travailler à mi-temps 93
	【表現ストック】職場で 110
（〜で）安心する	être soulagé(e) de... 72

い

（〜だと）いいなぁ	J'espère.... 95
（…に〜を）言う	dire 〜 à... 28, 42
急いで	en vitesse 105
（〜するのに）忙しい	être occupé(e) à... 66, 98, 110
（〜が）痛い	avoir mal à... 154
	【表現ストック】病気／けが 120　スポーツのあと 134
一日中	toute la journée 38, 62, 66, 119, 121, 140
一杯やる	prendre un pot ／ aller boire un coup 114
いつものように	comme d'habitude 104
いつもより早く	plus tôt que d'habitude 104, 168
いびきをかく	ronfler
	【表現ストック】睡眠 118
インターネットで	sur Internet ／ en ligne 116
	【表現ストック】携帯電話／パソコン 117

う
うらやましい　　　　　　　　envier　150, 151
（〜して / 〜で）嬉しい　　　être heureux(se) de...　70, 71, 127
　　　　　　　　　　　　　　être content(e) de...　55, 71, 72, 130, 152
　　　　　　　　　　　　　　ça me fait plaisir de...　76, 143

え
映画　　　　　　　　　　　　fiim 男　cinéma 男
　　　　　　　　　　　　　　【表現ストック】趣味　114　　テレビ / 映画 / 本など　130
（〜を）演奏する　　　　　　jouer de...　42, 50
　　　　　　　　　　　　　　【表現ストック】趣味　114

お
大晦日　　　　　　　　　　　la Saint-Sylvestre　91, 168, 169
（〜の）おかげで　　　　　　grâce à...　105, 139
起きる　　　　　　　　　　　se lever
　　　　　　　　　　　　　　【表現ストック】朝食 / 出かける準備　104
（…に〜を）送る　　　　　　envoyer 〜 à...　26, 44, 60
　　（〜を）添付書類で送る　envoyer... en pièce jointe　110
恐らく　　　　　　　　　　　probablement　79, 152　/　sans doute　79
　　　　　　　　　　　　　　peut-être　79, 129, 152
（〜を）恐れる　　　　　　　avoir peur de...　57, 75
驚く　　　　　　　　　　　　être étonné(e) de...　72, 142
　　　　　　　　　　　　　　【表現ストック】ニュース / 知らせ　127
　　（驚いて）あっけにとられる　être stupéfait(e) de...　72
　　驚いたことに〔文頭で〕　Chose étonnante　118
（〜を）思い出す　　　　　　se rappeler　54, 161, 166, 167
　　　　　　　　　　　　　　se souvenir de...　167
思っていたほど〜でない　　　ne pas être aussi + 形容詞 + que je ne (le) pensais　85, 132
思っていたより〜である　　　plus [moins] + 形容詞 + que je ne (le) pensais　84, 132
（〜しようかと）思っている　compter + 不定詞　37, 93, 138, 139
　　　　　　　　　　　　　　avoir l'intention de + 不定詞　37, 93
温泉　　　　　　　　　　　　station thermale 女　93, 160, 161

か
ガーデニングをする　　　　　faire du jardinage
　　　　　　　　　　　　　　【表現ストック】家で　112
会議　　　　　　　　　　　　réunion 女　23, 32, 106, 107

	【表現ストック】通勤 / 通学　106　　職場で　110
外見	【表現ストック】人の外見　122
買物をする	faire du shopping　21, 22, 149
	faire les courses　98, 149　/　faire des achats　148
	【表現ストック】ショッピング　116
(…に〜を) 返す	rendre 〜 à...　28
(〜るのに ...) かかる〔時間〕	mettre + 期間 + à [pour] + 不定詞　64
学園祭	【表現ストック】学校で　108
確信する	être sûr(e) de...　86, 125　/　être certain(e) de...　86
	être persuadé(e)　86　/　être convaicu(e)　86, 131
家事をする	faire le ménage　58, 62, 63, 64
	【表現ストック】家で　112
(…に〜を) 貸す	prêter 〜 à...　45, 159
風邪	rhume 男　95, 154, 155
	【表現ストック】病気 / けが　120
片付ける	ranger　66, 83, 99
	【表現ストック】家で　112
(〜で) がっかりする	être déçu(e) de...　73, 127, 131
学校	【表現ストック】学校で　108
かなりの〜	pas mal de + 無冠詞名詞　100, 144, 145
髪	cheveu 男
	【表現ストック】朝食 / 出かける準備　104
借りる	emprunter　108, 109, 159　/　louer　114, 159
(〜について) 考える	penser à...　28, 42, 69, 140
感動する	【表現ストック】テレビ / 映画 / 本など　130

き

企画 (プロジェクト)	projet 男　17, 32, 33, 53, 71
	【表現ストック】職場で　110
着替える	【表現ストック】朝食 / 出かける準備　104
(〜を) 期待する	s'attendre à...　131, 148, 155
(〜の) 気に入る	plaire à...　42, 43, 133
	【表現ストック】洋服 / アクセサリー　133
気持ちがいい	se sentir bien　121, 138, 139
休暇	congé 男　vacances 女複
	【表現ストック】職場で　110
給料	versement du salaire 男　91
	【表現ストック】職場で　110
教室	salle de classe 女

	【表現ストック】学校で　108
(〜に) 恐縮する	être confu(e) de...　73
行列をつくる	faire la queue　116, 128, 160, 161
(洋服を) 着る	s'habiller　96, 104
	【表現ストック】朝食 / 出かける準備　104
(〜について) 議論する	discuter de...　67, 108, 109
緊張する	【表現ストック】緊張とリラックス　135
筋力トレーニングをする	faire de la musculation　21
(〜が) 筋肉痛になる	avoir des courbatures　154, 155
	【表現ストック】スポーツのあと　134

く

偶然に	par hasard　40, 52, 58
草むしりをする	arracher les mauvaises herbes　112, 138
薬を飲む	prendre un médicament　154
	【表現ストック】病気 / けが　120
クリーニング店	pressing 男　26, 156, 157
	【表現ストック】家で　112
(〜で) 狂ったようになる	être fou [folle] de...　73

け

(〜の) 計画がある	avoir un projet de...　40
携帯電話	portable 男
	【表現ストック】携帯電話 / パソコン　117
けが	【表現ストック】病気 / けが　120
景色	paysage 男
	【表現ストック】旅行 / 観光地　128
化粧する	se maquiller　67, 141
	【表現ストック】朝食 / 出かける準備　104
結婚記念日	anniversaire de son mariage 男　68
(〜と) けんかをする	disputer avec...　83
元気である	être en bonne santé　70　/　être en forme　122, 167

こ

恋に落ちる	tomber amoureux (se)　38
(〜に) 貢献する	contribuer à...　86
交通渋滞	bouchon 男　106
	embouteillage 男　106, 107, 115
	【表現ストック】通勤 / 通学　106　　旅行 / 観光地　128

ゴールデンウィーク	la Golden-Week　40
故障している	en panne　112, 113, 140, 141
コピーをとる	faire une photocopie, photocopier
	【表現ストック】職場で　110
(〜が) 怖い	avoir peur de...　57, 75
コンパ	soirée (amicale) 女　23, 87
	banquet amical 男　156
コンビニエンス・ストア	supérette 女　106, 107, 148, 149

さ

サークル活動	activités du cercle 女
	【表現ストック】学校で　108
最近	ces jours-ci　110, 118　/　récemment　119
サイズ	【表現ストック】洋服 / アクセサリー　133
最善を尽くす	faire de son mieux　90
皿洗いをする	faire la vaisselle　58
	【表現ストック】家で　112
(〜に) 参加する	participer à...　90, 94, 95, 109
残業する	faire des heures supplémentaires　142, 143
	【表現ストック】職場で　110
(〜で) 残念である	c'est dommage que...　78　/　regretter　78

し

(〜) 時に	à 〜 heure (s)　12
(〜) 時から (〜) 時まで	entre 〜 heure (s) et 〜 heure (s)　12
	vers 〜 heure (s)　12
(〜する) 時間がある	avoir le temps de...　96
(〜する) 時間がない	ne pas avoir le temps de...　67
時間がなくて	faute de temps　148
試験	examen 男　concours 男
	【表現ストック】学校で　108
(試験に) 受かる	réussir à un examen [un concours]　72, 97, 145
(試験を) 受ける	passer un examen　145
(試験に) 失敗する	échouer à un examen　145　/　rater un examen　75
入学試験	concours d'entrée 男　72, 77, 163
仕事	travail 男
	【表現ストック】職場で　110
仕事にとりかかる	attaquer un travail　82
辞職する	donner sa démission　78

(〜)したい	avoir envie de... 57, 57, 74, 109, 143, 144
早く〜したい（楽しみだ）	avoir hâte de... 73, 74, 75, 77
(〜)したくてたまらない	être impatient(e) de... 73
(〜)したいなぁ	je voudrais... 54, 94, 95
(〜)したかったのに	j'aurais voulu... 82, 158, 159
実家	chez ses parents 92, 166
質問する	poser une question 87
(〜)しながら	en + 現在分詞 (= ジェロンディフ) 58
(〜)しなければならない...がある	être à + 不定詞 100
	avoir + 名詞 + à + 不定詞 100
締切	la date limite 144, 145 / la date butoir 145
(〜かなぁと)自問する	se demander 87
シャワーを浴びる	prendre une douche 98
授業	cours 男
	【表現ストック】通勤/通学 106　　学校で 108
宿題をする	faire des devoirs 66
出張	voyage d'affaires 男 75
	【表現ストック】職場で 110
正月	le jour de l'An 91
ジョギングする	faire du jogging 41, 58
	【表現ストック】趣味 114
食欲	appétit 男
	【表現ストック】病気/けが 120
(〜に)ショックを受ける	frappé(e) par... 22
	【表現ストック】ニュース/知らせ 127
(...に〜を)知らせる	informer... de 〜 44
進歩する	faire des progrès 156

す

すぐに	tout de suite 80, 118
少しずつ	petit à petit 103, 156, 157
(〜をして)過ごす	passer [consacrer] + 期間 + à + 不定詞 62
(〜を)勧める	recommander 52, 53
ストレス	stress 男 111, 161,
ストレッチをする	faire du stretching 104
スポーツをする	faire du sport
	【表現ストック】趣味 114　　スポーツのあと 134
(〜)することもできたのに	J'aurais voulu... 82, 158, 159
(〜)するつもりだ	avoir l'intention de + 不定詞 93

compter ＋不定詞　93

せ
性格	【表現ストック】人の性格　124
(〜に) 成功する	réussir à...　42, 72, 97, 98, 108, 135, 145
(〜の) せいで	à cause de...　22, 108, 109, 139, 168, 169
席を譲る	offrir [céder] sa place　45, 141
絶対に	absolument　27, 75, 94, 100
先日	l'autre jour　22, 55
洗濯	faire le linge
	【表現ストック】家で　112

そ
掃除 (家事) をする	faire le ménage　58, 62, 63, 64
	【表現ストック】家で　112
卒業する	finir ses études　77

た
ダイエットする	faire un régime　75, 162
退屈する	s'ennuyer　80
	【表現ストック】テレビ / 映画 / 本など　130
たえず	sans cesse　69
確かに	en effet　150, 151
立ちっぱなし	rester debout　38
(〜に) 立ち寄る	passer à...　107
多分 → 恐らく	
楽しむ	passer un moment agréable　40
	avoir beau temps　95
(〜を) 楽しみにする	attendre avec impatience de...　77
(…に〜を) 頼む	demander à...de 〜　26, 29, 42, 111
食べ放題	à volonté　146, 147
(〜が) 足りない	manquer de...　42, 43, 119
誕生日	anniversaire 男　24, 27, 40, 93, 95, 162

ち
(〜に) 違いない	devoir ＋不定詞　85, 120, 154
(〜に〜を) 誓う	promettre ＋人＋ de...　162, 163
遅刻する	être en retard　60, 68, 108, 167
	【表現ストック】通勤 / 通学　106

注意を払う	faire attention à... 82, 156
(〜の) 忠告を受け入れる	suivre conseil de... 82
昼食をとる	déjeuner 21, 23, 36, 108
朝食をとる	prendre le petit déjeuner
	【表現ストック】朝食 / 出かける準備 104

つ

通勤する	aller au travail
	【表現ストック】通勤 / 通学 106
(〜が) つらい	ça me fait mal de ＋不定詞 76

て

定期券	carte d'abonnement 女 106, 107
定刻前に	avant l'heure 107
定年退職	retraite 女 19
できるだけ早く	le plus tôt possible 27
(〜を) 手伝う	donner un coup de main à... 44
テレビ	télé 女
	【表現ストック】テレビ / 映画 / 本など
天気	【表現ストック】天気 102
電車に乗る	prendre le train 59
	【表現ストック】通勤 / 通学 106
電車に乗り遅れる	manquer [rater] le train 68, 106
転職する	changer de travail 72

と

同時に	à la fois 48
同窓会	réunion d'anciens élèves 女 164
(〜に) 到達する	arriver à... 86, 118
(〜に) 登録する	s'inscrire à... 93
(〜する) とき	au moment où... 53, 54
読書	lecture 女
	【表現ストック】テレビ / 映画 / 本など 130
年を越す	passer l'année 168
とても〜なので ... だ → あまりに〜なので ... だ	
ドライブする	se promener [faire un promenade] en voiture 114, 115

な

(〜が) ないので	faute de ＋無冠詞名詞 148, 149

(〜) なしで	sans... 24, 60, 65, 105, 119, 152, 153
(〜) なので〔文頭で〕	Comme 111, 142, 143
なんて〜なんだろう！〔感嘆文〕	Comme...! 88 ／ Que...! 88
	Quel ＋ 名詞！ 88, 89, 103

に

二次会	la deuxième partie de soirée 168
日曜大工をする	faire du bricolage 62, 115
日記	journal 男
日記をつける	tenir un journal 156, 162
(〜に) 似ている	ressembler à... 42
入浴する	prendre un bain 160

ね

値段	prix 男
	【表現ストック】ショッピング 116　　ものの値段 132
熱がある	avoir de la fièvre 155
熱っぽい	être fiévreux(se) 154
	【表現ストック】病気／けが 120
寝坊する	se lever tard
	【表現ストック】朝食／出かける準備 104
	通勤・通学 106
寝る	se coucher 28
	【表現ストック】睡眠 118

の

(〜を) のがす	rater 75, 87, 97, 106, 107, 158

は

歯	dent 女
	【表現ストック】朝食／出かける準備 104
歯を抜く	arracher une dent 154
パーティ	soirée 女 23, 27, 62, 73, 87, 121, 142, 146, 168
初めて	pour la première fois 36, 54, 146, 164, 165
(〜し) 始める	commencer à... 54, 144, 145, 162
(〜な) はずである	devoir ＋ 不定詞 85, 120, 154
パソコン	ordinateur 男
	【表現ストック】携帯電話／パソコン 117
鼻	nez 男 120, 155

(〜を…に) 話す	parler de 〜 à... 32, 33, 42, 55, 56, 57, 59, 94, 157
花見をする	admirer [voir] les cerisiers 164, 165
晴れ	beau temps 男
	【表現ストック】天気 102

ひ

ピクニックに行く	pique-niquer 92 / faire un pique-nique 96
髭を剃る	se raser 104, 105
久しぶりに〜した	Il y a longtemps que... 65
(〜で) びっくりする	être étonné(e) de... 72, 142
(〜が) 必要である	avoir besoin de... 55, 56, 75, 118
ひとり暮らしをする	vivire seul(e) sans ses parents 65
	habiter seul(e) 74
評判の	dont on parle beaucoup 57
	dont tout le monde parle 56
病気	maladie 女
	【表現ストック】病気 / けが 120
昼寝をする	faire la sieste 119

ふ

復習する	réviser 66, 90
(〜を) 含めて	y compris 144, 145
普段	d'habitude 43, 104, 168
二日酔い	avoir la gueule de bois 104
…ぶりに〜した	Il y a + 期間 + que... 65
	ça fait + 期間 + que... 65, 160, 161
プレゼンテーション	présentation 女 100
	【表現ストック】職場で 110
プレゼント	cadeau 男 45, 95, 166
プロジェクト (企画)	projet 男 17, 32, 53, 71
	【表現ストック】職場で 110

へ

(〜する) べきだった	J'aurais dû... 82, 83, 140, 141, 156, 157

ほ

忘年会	fête de la fin d'année 女 168
(〜で) ほっとする	être soulagé(e) de... 72
ほとんどの〜	la plupart de... 63, 156, 157

(〜を) 褒める	féliciter 71 / dire du bien de... 142, 143

ま

(〜) 前〔時間〕	il y a... 37, 65
前向きに	de façon positive 60
前もって	au préalable 67 / avant 67
待ち合わせをする	predre [se donner] rendez-vous 26, 33, 92, 107, 108, 109
間違える	se tromper 85
(〜と〜の間で) 迷う	hésiter entre... et... 105
(〜して) 満足している → (〜で) 嬉しい	

み

身支度する	se préparer 104
	【表現ストック】朝食 / 出かける準備 104

む

迎えに行く［来る］	aller [venir] chercher 26
無駄遣い	gaspillage 男 152, 153
無駄遣いをする	dépenser de l'argent 83

め

目覚める	se réveiller 119
	【表現ストック】朝食 / 出かける準備 104　　睡眠 118
(〜の) 面倒をみる	s'occuper de... 67

も

もうすぐ	bientôt 91, 144
もう少しで〜するところだった	faillir + 不定詞 68, 107
もし〜なら、…しよう	si + 現在、近接未来 / 単純未来 96
もし〜だったら、…なのに	si + 半過去、条件法 96
もし〜していたら、…だったろうに	si + 大過去、条件法過去 97

や

(〜に) 役立つ	servir à... 152, 153

ゆ

夕食をとる	dîner 21, 32, 76, 146
雪	neige 女
	【表現ストック】天気 102

雪かきをする	déblayer la neige　113
夢	rêve 男　16, 150, 167
（〜を）夢見る	rêver de...　57

よ

（〜の）ようだ［ように見える］	avoir l'air...　80, 81, 117, 122, 123, 144, 145, 152, 153, 162
（〜して）よかった	avoir bien fait de ＋不定詞　164, 165
予習する	préparer
	【表現ストック】学校で　108
（〜で…を）喜ばせる	faire plaisir à...　45, 59
	ça fait plaisir à 〜 de...　76, 143

ら

ラッシュアワー	heure de pointe 女　140, 141
	【表現ストック】通勤／通学　106
リセットする	repartir à zéro, remettre à plat　162, 163
（〜を）利用する	profiter de...　42
料理をする	faire la cuisine　112
(...に〜の)礼を言う	remercier...de 〜　44

り

旅行	voyage 男
	【表現ストック】旅行／観光地　128
リラックス	【表現ストック】緊張とリラックス　135

ろ

論文	【表現ストック】学校で　108

わ

話題の	dont on parle beaucoup　57
	dont tout le monde parle　56
割引	réduction 女　rabais 男
	【表現ストック】ショッピング　116
	【表現ストック】ものの値段　132

Mardi 25 février

Quand j'étais étudiante, j'avais envie d'utiliser le français n'importe où et de n'importe quelle façon.
Je griffonnais alors tous les jours des petites phrases en français dans mon journal.
Et au bout du compte, c'était un bon exercice.

Et voilà ! Enfin, je viens de terminer la correction de la dernière épreuve !
Ce petit livre a pour objectif d'aider des personnes qui veulent utiliser le français comme moi autrefois.
Je serais ravie qu'il puisse leur donner du plaisir et du courage pour continuer à apprendre le français.

Je tiens à remercier toutes les personnes qui m'ont aidée à réaliser ce travail, notamment mon éditrice, Mme Hanke Kazumi, et mes amis Madeleine et Jean-François.
Sans eux, ce travail n'aurait jamais vu le jour.

著者略歴

長野 督（ながの こう）
北海道大学メディア・コミュニケーション研究院教授。
お茶の水女子大学文教育学部修士課程修了。早稲田大学文学部博士課程修了。専門はフランス語教育学、比較文化論、異文化コミュニケーション。

フランス語で日記をつけよう

　　　　　　　　　　　2014 年 3 月 30 日　第 1 刷発行
　　　　　　　　　　　2015 年 9 月 5 日　第 5 刷発行
　　　　　著　者 © 長　野　　　督
　　　　　発行者　　及　川　直　志
　　　　　印刷所　　研究社印刷株式会社

発行所　〒101-0052 東京都千代田区神田小川町 3 の 24
　　　　電話 03-3291-7811（営業部），7821（編集部）　株式会社白水社
　　　　http://www.hakusuisha.co.jp
　　　　乱丁・落丁本は送料小社負担にてお取り替えいたします。

振替　00190-5-33228　　　　Printed in Japan　　誠製本株式会社
　　　　　　　　　　ISBN978-4-560-08638-4

▷本書のスキャン、デジタル化等の無断複製は著作権法上での例外を除き禁じられています。本書を代行業者等の第三者に依頼してスキャンやデジタル化することはたとえ個人や家庭内での利用であっても著作権法上認められません。

フランス語力をつけて自信をもつ！
フランス語 語彙をひろげる7つのテクニック

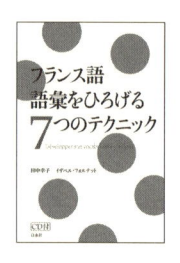

田中幸子，イザベル・フォルテット 著

単語力がない，いつも同じ言い回しばかりで会話やメールが貧弱になりがち——そんな悩みを抱えているあなたに，語彙力・表現力を効率的にアップさせる7つのテクニックをご紹介．

■四六判　160頁【CD付】

あなたのやる気に応える基礎力養成コース！
フランス語 表現とことんトレーニング

中野 茂 著

フランス語の海で泳ぐために大切なことがこの1冊で身につきます．いわば「泳ぎかた」である文法を，とことん練習して固めましょう．泳ぎかたがわかれば，あとはあなたの自由自在！

■A5判　176頁

誰にでも書けるフランス語作文への案内書
1からはじめるフランス語作文

山田博志, フランク・ヴィラン 著

作文に必要なのは正確な文法知識と表現パターンのストックです．本書はまず作文の観点から文法を復習，次に表現法の練習を重ねてフランス語で書くためのしっかりした基礎を築きます．

■ A5判　224頁

自然な日本語を伝わるフランス語へ
日本語から考える！フランス語の表現

佐藤 康，山田敏弘 著

フランス語のプロと日本語のプロが力を合わせた画期的な一冊．文法だけではわからない日本語との発想の違いを楽しみながら，日本語の自然な表現をフランス語にしていく過程を伝授します．

■ 四六判　165頁

しゃれた言い回しがいっぱいの仏語手紙文例集

フランス語手紙の12か月
（改訂版）

高山 晶，エマニュエル・ボダン 著

フランスの知人に，家族の近況や日本の四季折々の話題を伝えるための，しゃれた言い回しをふんだんに盛り込んだ仏語手紙文例集．Eメールにも使えます．日本紹介ミニリスト付．

■ A5判　166頁

豊富な文例で応用自在！

Eメールのフランス語［増補版］
書類の書き方文例つき

田中幸子，イザベル・フォルテット，川合ジョルジェット 著

近況報告、お礼、お詫び、お悔やみ、予定調整、留学準備など、場面に応じた文例を豊富に紹介。履歴書など各種書類の書き方を増補し、適切な注と関連表現で応用自在な決定版。

■ A5判　216頁